ローマの哲人　セネカの言葉

中野孝次

講談社学術文庫

（セネカの「書簡」は）彼の著作のうちで、もっとも美しく、もっとも為になる作品である。これらに取りかかるにはべつに大した勇気を要しないし、いつでも好きなところでやめられる。

モンテーニュ『エセー』第二巻第十章

まえがき——なぜ今セネカか？

わたしがセネカの言葉を今の日本に紹介しようと思い立ったのは、何よりもわたし自身が現在セネカを読んで面白くてならないからだ。セネカを読みだして以来わたしはすっかり彼の文章の魅力に引きこまれ、なぜいままでこんな面白いものを知らないで来たのだろう、と悔やんだ。二千年も昔にこのようにいきいきした考え方をし、それをすばらしい言葉で表現した思想家・文学者がいたのかと驚き、その思想と文章は現代日本人のためにこそあるような気がした。以下わたしが紹介するセネカの言葉を読まれれば、読者もきっと同じ思いを抱かれるだろうと思う。

セネカは、総じて日本ではほとんど知られていない哲学者だ。これは、明治以来の日本の思想界が、哲学といえばプラトンやアリストテレスの古代ギリシャ哲学か、カント、ヘーゲルなどの近代ドイツ観念論のみを挙げ、帝政ローマ時代のセネカ、エピクテートスなどストア派の哲学はそういう形而上学にくらべればとるに足らぬ人生哲学ぐらいにしか見てこなかったせいだ。要するにセネカは「論語」などと同じ古くさい道徳論で、近代哲学から見れば取上げるに値しないものと見做されてきた。愚かにもわたしも、実物を知らず漠然とそういう空気に染まっていたのだ。

ところがあるとき岩波文庫の『人生の短さについて』に載っている三つの論文（表題のほかは「心の平静について」と「幸福な人生について」）を読み、何よりもその文章の力と、そこに説かれているセネカの生き方についての考えに、たちまちに引きこまれた。実に力強く、いきいきしていて、説得力がある。わたしは、そのとおりだ、そのとおりだ、と心の内でうなずきながら読んだ。セネカはわたしにとって何よりもまず文学者であり、その文章の力に魅了された。

そしてセネカの哲学論文の全部を読まずにいられなくなり、茂手木元蔵訳『道徳論集』『道徳書簡集』（ともに東海大学出版会）を取り寄せ、これも読み、ますますセネカの世界に引き入れられた。

が、読むにつれ、茂手木訳にはどうも意味の通じないところや、明らかに誤訳と思われるところが多々あるのに気づき、読むほどに、開拓者への感謝とともに不信の念が募っていった。が、他に日本語訳はなし、わたしはラテン語はぜんぜん出来ないので、やむを得ずドイツからドイツ語訳セネカを取寄せた。わたしは大学は独文科で、長いあいだドイツ語教師をしていたから、ドイツ語なら読める。

その時本屋から送られてきたドイツでのセネカの著作リストを見て、わたしは一驚を喫した。なんとドイツには数種類ものドイツ語訳があり、それらが全部今も現役で市場に出ているのである。しかもラテン語の原文とドイツ語訳の両方載った五巻本の全集が一万二千円ほど、二十巻十七冊のレクラム文庫「道徳についてのルキリウスへの手紙」に至っては、全部で四十三ユーロでしかないのにも驚いた。東海大学出版会の本は一冊が二万円だ。このようにドイツではセネカが現代の思想として読まれている事実を知って、彼我(ひが)の差を見せつけられる思いがした。*

それぞれに訳者のちがう三種類のドイツ語訳を引き比べつつ読んで、わたしのセネカ熱はますます高まった。茂手木訳で意味不明だったところも、ドイツ語訳だとすっきりわかって、霧の中から明るい日向(ひなた)に出る思いがした。セネカの説くストイックな生き方こそ、現代日本に最も求められているもの、今の日本人を救うものだというわたしの確信はいよいよ強くなった。

セネカにはたしかに「論語」に通じるものがある。「論語」と同じくセネカは、概念的な思考に重きをおかず、抽象的・学問的な体系を作ろうとするのではない。哲学を説くがすべてはただ人間としての正しい生き方、すなわち「人間となる術」を求めるもので、具体的であり、体験的であり、そこに無類の力がある。セネカの説く徳と孔子の説く徳とは、必ずしも同一ではないようだが、徳を求める強い意志と、徳あってこそ人は人間になるという価値観は共通している。そして実に、明治以降の日本思想界がセネカを軽んじた理由――「なんだ、要するに「論語」と同じじゃないか」というところこそ、わたしの目に新鮮に見えるのだとわかった。

わたしはプラトンやアリストテレスの古代ギリシヤ哲学や、近代ドイツの観念論にはあまり魅力を感じないけれども、セネカの人生哲学には現にそこに生きている叡知を感じた。

セネカの文章はすべて誰か特定の人物にあてた書簡のスタイルで書かれている。最初の論文、子を失った悲しみから立ち直れぬ母親を慰める「マルキアへの慰め」から、最後のルキリウスにあてた百二十四通の「道徳についての手紙」までどれも、一人の人に話しかけるスタイルなので、読む方は自分自身がセネカに語りかけられているように感じ、説得されるのだ。しかも取上げるテーマはみなきわめて具体的な、死、貧乏、富裕、快楽、自然、幸福、運命、友情、生の不安、自由といったような、誰の人生にも必ず問題となるような事柄ばかりである。そういう日常的な話題を取上げては、そこから力強く、人のあるべき生き方、徳へと誘ってゆく、その文章の魅力と力強さは無類である。それはだから哲学というより文学と呼ぶべきで、のちのモンテーニュやアランにつながってゆく人生哲学・文学の源泉はここにありしか、とわたしは思った。どちらも哲学の体系を展開するのでなく、「人間になる術」を求め、説くのだ。

岩波書店の山口昭男氏とは、前々から、わたしが人生で出会った言葉のアンソロジー、といった種類の本を書く約束をしていた。が、一昨年秋からいろいろやってみたが、どうもうまくいかない。これは自分の人生体験を語るという物語と、言葉の意味を探ることとが、水と油を一緒にするように異質な作業で、その性質からして不可能なのだとわかった。

その後もいろいろ試みたがどれもうまくゆかず、それではいっそ自分が現在最も熱中しているセネカの語録を作って、それを世に紹介してはどうかと思いついた。これなら自分の集中している関心事だから、書くことはいくらもある。自分がその時まさに必要とする糧を求めて読むことが著者を理解する唯一の正しい方法だ、というアランの言葉があるが、わたしはまさにそのとおりに、自分がいま必要とする精神の糧を求めてセネカを読んだ。だから、これは自分だけのセネカであるけれども、ここに取上げたセネカの言葉は、生き難い現代日本に生きる人たちにとって、励ましとも、力づけともなり、生をみちびく助けになるだろうと信じている。

そこで山口氏にあらためてその案を示したところ、氏も大いに賛成し、このようなものを試みることになった次第。これはセネカ要約でもあり、その語録の紹介でもある。これがわたしの期待どおり、今を生きる日本人へのよき助言になってくれれば、それにまさる喜びはない。

＊　その後英語版も取りよせてみたら、「ルキリウスへの手紙」の英語訳 *Seneca Epistles* vol.3 (Loeb Classical Library) は、初版が一九一七年で、以後二五、三四、五三、六一、六七、七九、八九、九六と、百年近く版を重ねているのを知って驚いた。英国でもセネカはずっと現役なのだ。

目次

III

ローマの哲人　セネカの言葉

序——セネカ略伝

以下セネカの著作のうちわたしをとらえた言葉を順不同に取上げてゆくが、その前にセネカその人が日本ではあまり知られていないと思うので、簡単に略歴を紹介しておく必要があるだろう。

セネカの生年は、紀元前五年とも四年とも、あるいは前一年とも言われ、専門家のあいだでも意見が一致していない。要するにイエス・キリストと同じ世代の人だ。生れはスペインのコルドバ、家系が騎士ということは、まだ元老院議員を出したことのない一族であった。ただ、一家は裕福で、父は修辞学（レトリック）で有名であり、母は夫の反対にもかかわらず文学と哲学を学んだ人であった。セネカのローマ遊学は、十二、三歳と言われているが、ある本には「叔母の腕に抱かれて」[*1]とあるから、もっと幼いとき上京したのかもしれない。この叔母は母の妹で、のちのちまでセネカを庇護した人である。

初め文法家に学び、次に雄弁術の教室に通って修辞学を学んだ。言葉の力によって他人に働きかけ、心を動かし、説得するというセネカの文章の基礎は、ここで養われたのだ。そのあと哲学を学んだ。ただ子供のころから病弱であった。

二十歳のころ、高熱をともなう悪性の気管支炎にかかり、痩せはて、生きる意欲を失い、一時は真剣に自殺を思った。そのときのことをセネカ自身「道徳についてのルキリウスへの手紙」に書いているが、自殺を思い止まったのは老父の悲嘆を思ってのことだったと言っている。

初め弁護士として活躍したが、病状が悪化し、病気療養のため西暦二五年頃、叔母の夫が総督をしているエジプトに渡り、健康を取り戻した三一年までそこに留まった。当時アレクサンドリアはヘレニズムの中心であり、ここでの体験は彼の思想に大きな影響を与えた。

ローマに戻ってまもなく、この叔母の尽力で財務官の地位を得た。セネカは禿頭、短足、近眼で醜男だったというが、不思議と女性に好かれ、その援助で道を切り開くことが多かった。三九―四一年頃彼は弁論によってローマで非常に有名で、その輝かしい弁論術に嫉妬した皇帝カリグラに危うく殺されそうになった。が、カリグラと父を同じくする娘たち、アグリッピーナとユリア・リヴィラの庇護を受けて救われた。

次のクラウディウス帝の時、十六歳で五十近い好色な皇帝の四度目の妻に納まった皇后メッサリーナと、やはり皇后の身分を狙うアグリッピーナの間に起った熾烈な争いにまきこまれて、セネカはその犠牲となり、ユリア・リヴィラと姦通という濡れ衣を着せられて、当時文明の果つるところと言われたコルシカ島に追放された。追放は四九年まで八年の長きに及んだ。この間彼はもっぱら哲学に慰めを求め、「母ヘルヴィアへの慰め」を書いた。

セネカの追放が解かれ、ローマに帰ったのは、皇后メッサリーナが姦通の罪で処刑され、アグリッピーナがその後釜に坐った時だった。アグリッピーナはセネカを呼び戻すとすぐ法務官の職を与え、当時十二歳だった息子ネロの家庭教師に任命した。彼女はネロを次代の皇帝にしようとする大野心を抱いており、そのためにセネカの人気と力を必要としたと言われている。セネカは哲学に専念したい意志があったが、選択の余地はなかったらしい。彼は護衛隊長ブルルスとともにその任についた。

五四年、クラウディウス帝が養子ネロではなく実子ブリタニクスを皇帝にしようとしかけたとき、アグリッピーナはクラウディウス帝を毒殺し、ネロを皇帝に据えた。この年から六二年までが、ネロの顧問官として、セネカが宮廷と政界において権力の頂点にあった時だ。ネロの政治もこれからの五年間は「ネロの五年間」と歴史家が認める善政の時代であり、それはむろんセネカとブルルスの補佐、助言によるものだった。

が、ネロと解放奴隷アクテとの恋、ついでオトー（のちの皇帝）の妻サビナとの恋などが絡んで、次第にネロとアグリッピーナの間は険悪化していった。そして五九年、ついにネロは船の沈没事故に見せかけてアグリッピーナを殺そうとした。これはアグリッピーナが水練の達者だったため成功しなかったが、ネロはついに母親殺しを行った。

セネカがネロを見離したのはこの事件があってからだと言われている。彼はこの時から徐々に身を引き、退いていったらしい。六二年、彼はローマでも有数と言われた莫大なその全財産の献上とともに引退を申し出たが、ネロは許さなかった。

しかし、セネカは引退した。そしてこれから六五年の死までの数年間が、セネカが全き閑暇の中で哲学に没頭することのできた、最も幸福な、思想的に円熟した時期だった。

けれども、彼は結局ネロの死の手を逃れることはできなかった。ピソのネロ暗殺未遂事件に荷担した疑いをかけられ、彼は死を命じられた。その光景を歴史家タキトゥスが「年代記」にくわしく書きとめてくれたので、我々はその詳細を知ることができる。（次の引用文は、ドイツ語からの筆者訳）

ネロの命令を持った百人隊長がセネカのいる別荘にやって来て、死は決定事項であり、もはや避け難いと伝えたとき、セネカはこれっぽっちも動揺したさまを示さず、遺言を書く書き板[*2]を要求した。百人隊長がそれを拒否すると、彼は友人たちの方を向いて言った。「このとおり君たちの功績に酬いることを禁じられたので、わたしは今わたしが持っている唯一のもの、最も美しいものを君たちに残そうと思う。すなわちわたしの生きている姿だ。君たちがこれを記憶に留めておくならば、君たちのゆるがぬ友情に対する報酬として、高貴なる徳の名声をかち取るだろう」

それから彼は、あるときはくだけた談話の調子で、あるときはきびしい教師の口調で、とめどもなく泣き沈む者たちに向かって、泣くのを止め、心の均衡を取り戻すよう求め、何度もこう問いかけた。

「あの哲学の教えを君たちはどこへやってしまったのか。不慮の災いにそなえて、あのように長年のあいだ訓練してきた心の備えは、どこへいってしまったのだ。ネロの残虐を知らない者があったとでもいうのか？　自分の母と弟を殺害したあと、ネロにとって、かつての教育者にして教師を殺す以外に何があるというのだ」

（タキトゥス「年代記」第15巻61・62）

そのようにタキトゥスは、当時の習慣に従って、セネカの死の光景を、おそるべき正確さで記し残した。興味のある方は、タキトゥス『年代記』（岩波文庫）によって読まれたいが、このあとセネカが手首を切ってもなかなか死ねず、毒薬を飲んだり、ありとあらゆる手立てを尽して死んでゆくさまをくわしく叙述している。

この毅然として死にゆくセネカの姿は、その後ヨーロッパ絵画の好画題となり、大勢の画家が好んでそのテーマに取り組んだ。ダヴィドのものが最も有名だが、ルーベンスもジョルダーノも、そのほか大勢の画家がそれを描いている。

わたしもむろんタキトゥスが書き残しておいてくれたこのセネカの最後のふるまいに感銘を受け、彼のこの死に方に彼の哲学の全部が象徴されるように思った。心さえしっかりと保っておけば死さえもなんら恐れるものではないことを、彼はみずからの死に方によって示してみせた。

わたしは彼のこういう死生観が、日本の昔の武士や、唐代の禅僧たちのそれと同質のものであることにも、ある種の驚嘆をおぼえずにいられなかった。人間の徳の行きつく先は、民族や文化や時代の相違にもかかわらず、一つの同じ頂点に至っているということくらい、後世の人間を励ますものはない。だからわたしはその片鱗でも伝えようとして、このセネカ入門を書く気になったのだ。

＊1　「わたしの父親の古風な厳格さがあなたにそれを許したかぎりにおいてですが、あなたはあらゆる高貴な学芸を、むろん根本から完全にではなくとも、一応はたしかに学ばれたのですから」——「ヘルヴィアへの手紙」17-3に、右の文があることから見ても、夫の反対を押して学ぶ妻がいたことはたしかだ。

＊2　書き板はポンペイ遺跡からの出土品の絵を見ると、左右二枚、見開きになったノート大の板で、それにロウを塗り、鉄筆で字を書いたものらしい。

セネカの著作のうち今に残るもの

A 対話篇　十篇、十二巻

1 神意について（63年頃）
2 賢者の不動心について（55年？）
3 怒りについて　三巻（41年）
4 マルキアへの慰め（39―40年）
5 幸福な人生について（58年）
6 閑暇について（62年）
7 心の落着きについて（53／54年）
8 人生の短さについて（49年）
9 ポリビウスへの慰め（43―44年）
10 ヘルヴィアへの慰め（42年）

B　その他

1　ネロへ——寛容について（56年頃）
2　恩恵について　七巻（59—60年？）
3　自然哲学論集（62年以降）
4　道徳についてのルキリウスへの手紙（62年以降）

＊　上記の項立てはレクラム文庫に従った。
＊　以下の引用文はすべてドイツ語訳からの筆者による訳である。

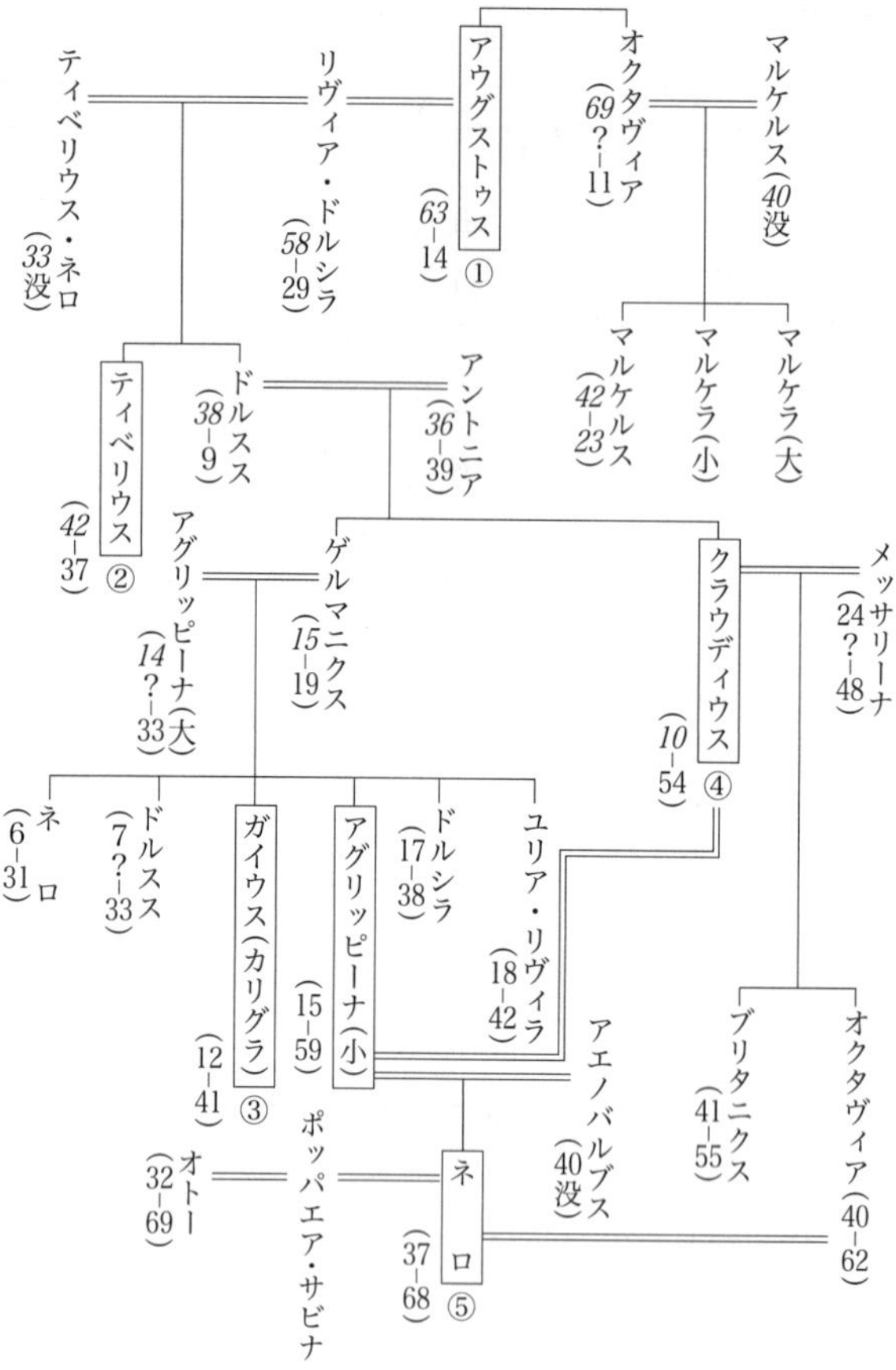

セネカに関わる皇帝とその一族（斜体は紀元前．①〜⑤は帝位継承順）『ローマ皇帝伝』上（岩波文庫）による

I

「マルキアへの慰め」

今に残るセネカの哲学的文章の最初のものがこの「マルキアへの慰め」で、この「慰め」という文章の形は、娘を失ったキケロが自分自身にあてて書いた「慰め」（これは失われて現存していない）の伝統につらなるという。が、セネカ独自の文章の魅力、親身に人の心に訴えかける力、具体的な事柄を取上げて論じるわかりやすさ、といった個性的な特色は、この最初の文章にすでによくあらわれている。それは何よりも一人の特定の相手に話しかけるスタイルであるために、人間関係の信頼が基となっている感じが終始一貫しており、一般的なことを言っても抽象的にならず、読者はじかに自分が語りかけられているように感じるのだ。

マルキアがこの手紙によって悲嘆の底から立直ったかどうかはわからないが、おそらくセネカのこの人間味あふれる忠告は成功し、それに自信を得てセネカは以後この特定の一人に語りかける書簡体をその文章のスタイルにしたのではあるまいか、とわたしは想像した。

この手紙が訴えかける相手のマルキアという人は、アウグストゥス帝の妻リヴィアの親しい友人であったというから、むろん当時の上流階級で、知能も判断力もすぐれた人だったのだろう。セネカは手紙の語りはじめに、まず彼女が女性一般の心の弱さのない、またさまざまな欠点からも免れた、男まさりの強い人であることを言い、そういうあなた、つまり理性的な女性だからこそわたしはあえてこの手紙を書く気になったのです、と言っている。

彼女は歴史家アウルス・クレムティウス・コルドウスの娘で、男二人、女二人の子があったが、最愛の息子メティリウスに死なれたあと、息子の死を悲しむあまり三年間も悲嘆の淵に沈んだままであった。そのさまを見かねて、彼女を悲しみのどん底から立上がらせようとして書いたのがこの文章なのだ。彼がこれを書いたのは、三九―四〇年とも、四〇―四一年とも言われて確定していないが、ともかくセネカ四十四、五歳の頃だ。

セネカはマルキアが男まさりの強い気性を持っていることの証明として、彼女が父の死の際に見せた雄々しい行為を讃えてみせる。歴史家であった彼女の父はその著作の中でシーザー殺害者ブルートゥスとカシウスを讃美したために、ティベリウス帝の怒りを買った。ために彼は食を絶って自殺し、著書は焼かれた。が、娘マルキアは帝の命令に反して父の著書を一部ずつ救っておいて、次のカリグラ帝の時代になってそれを復刊、父の名誉を回復したのである。

それほど強い性格を持つあなたが、わが子の死を悲しんで三年も悲嘆の底に沈んだままでいるとはどういうことですか、とセネカは訴え始めるのだ。そのあたりの文章の運びはまことにうまい。あなたは悲嘆に沈むのみで、友人からの慰めの言葉にも、近親者の説得にも耳を貸さず、父から受けついだ学問も、どんな苦痛をも和らげてくれる時の力も、あなたにはすべて役立たない。

そう言ってセネカは、やはり同じく愛子を失った同時代の二人の母親、アウグストゥス帝の妹オクタヴィア（前六九?―一一）と、帝の妻リヴィア（前五八―二九）の例をあげる。

前者が失ったのは息子マルケルスで、彼の伯父アウグストゥス帝は彼を頼みにし、帝位の重荷を彼に託そうとしていた。その愛し、誇りとする息子に先立たれたとき、オクタヴィアはマルキアと同じく悲しみに沈むのみで、あらゆる慰めの言葉にも心を閉ざし、悲嘆から立直ろうとしなかった。彼女はただ一つのことを思いつめ、生涯を葬式の日のごとくに過した。

後者が失ったのは、これも非常に優れた若者で将来立派な元首になるだろうと期待されたドルススだったが、ゲルマン遠征中落馬で重傷を負って、死んだ。現地まで出かけたリヴィアは、ずっと息子の遺体に付添ってローマに帰り、埋葬の後は息子とともに自分の悲嘆も埋めてしまい、あとは息子のたのしい思い出のみに生きた。セネカは二人の母親の場合をそんなふうにくっきりと描いた上で、言う。

二つの例

　さあ、選んでください。二つの例のうちあなたはどちらを賞讃に値するとお思いですか？　もしあなたが前者に与したいとされるなら、あなたは決定的に生者の数の中から御自分を閉め出し、他人の子供からも、自分の子供からも、いやまさにあなたが歎き悲しんでいる息子からさえも、遠ざかることになるでしょう。あなたは世の母親たちにとって不幸の前兆と見えることとでしょう。（略）

（これに反し）もしあなたがもう一人のきわめて優れた女性の模範、もっと抑制された方を選ばれるならば、あなたは暗い気分で生きることもなく、苦悩に身を苦しめることもなくなりましょう。実際、自分の不幸をみずから罰し、悲嘆をさらに増大させるくらい無意味なことがありましょうか。あなたが生涯を通じて保持してこられたあの性格の誠実さと強さとを、いまこの時こそあなたは示すべきです。というのも、悲嘆にもいわば一種の慎みがあって然るべきだからです。

（「マルキアへの慰め」３―３・４）

そしてセネカは後者、すなわちリヴィアが、哲学者アレウスの忠告に従って、死んだ息子への人々の称讃に積極的に耳を傾け、自分の悲しみで人々を悲しませないようにふるまうことでみずからも救われていった様子をこまごまと記し、どうかあなたもそうなさってくださいとマルキアに懇請する。そしてこう語りかけるのだが、この言葉は子供の死を歎きつづけるすべての母親への訴えとなるだろうと思う。

ここのところは、自身がその愛する娘を失ったとき、セネカのこの文章によって大いなる慰めを得たという、茂手木元蔵氏の訳をそのまま使うことにする。

泣いて不幸に打ち勝てるか

もし泣いて不幸に打ち勝てるものならば、みんなで一緒に泣きましょう。毎日を悲しみのうちに過しましょう。毎夜を眠ることなく悩みに費しましょう。傷ついた胸を両手で引き裂き、序でに顔まで殴り付けましょう。もしも悲しみが役に立つものなら、それをあらゆる種類の苛酷な辛さに向けて行使しましょう。しかし、どんなに泣いても死者を呼び戻せない限り、また、どんなに歎いても、揺ぎなく永遠不変の宿命は変えられず、死が、かつて運び去ったどんなものにも常にへばりついている限り、無益な悲しみは止めてください。

（茂手木元蔵訳『道徳論集』「マルキアあて、心の慰さめ」6―2）

歎くのをやめ、ではどうせよというのか。そこでセネカがすすめるのが「自然に従え」というストア派の教えなのだ。自然――これこそがセネカがその全著作を通じて説く思想の中心の鍵である。自然とは、セネカの場合、人間を正しくみちびいてくれる正しい道、神のみちびきのようなものを意味する。しばしば神と同義語でもある。だからその自然に従っていれば、どんな苦悩でも、それを癒すに最も有効なもの、時があなたの苦しみ、悲しみを和らげてくれる。それをそうしないで、人為的にあえて悲嘆を持続させるのは、それこそ自然に反すること、すなわち悪なのです、とセネカは言い、こう説得するのだ。

人は、そもそも運命がいついかなる時に襲いかかってきて自分に与えるかもしれぬ禍に対し、つねに心がまえをしているべきであって、決して自分だけは運命の打撃を免れているなどと思うべきではない。病気、財産喪失、失業、追放、そしてむろん死――それらの運命をあなただけは除外されているとでも思っているのですか。愛する子であれ、生れたときから死に曝されているのが人間の定めではありませんか。

しかし、人はとかく、本当に災厄がやってくるまでは、災厄の来る可能性を思い浮べようとしない。自分だけは災厄に遭わず、他の人より安全な道を歩いているかのように思いこみ、他人が運命の打撃を受けるのを見ても、それが人間の定めであって、いつ自分に襲いかかるかしれぬものだとは思わない。

あんなにも多くの葬列が自分の家の前を通り過ぎていったのに、死について思いを致そうとしない。あんなにも悲痛な子供らの埋葬が行われても、人はわが子の成人式に着せる服や父親の遺産のことなぞ考えて、わが子にも死が襲いかかるのだとは考えもしない。だからいざ子供が死に見舞われたときに、大打撃をうけるのです。

それは安心しきっているところをいきなり棍棒で殴りつけられるようなものです。前々からそうした出来事が起りうることを考え、心の備えをしておけば、それほどひどい打撃は受けないですんだのに。そうたたみこんでおいて、セネカはこう問いかけるのである。

誰かに起ることは誰にでも

「そんなことが起ろうとは、わたしはぜんぜん思っていませんでした」とあなたは言うのですか。起りうるとあなたが知っていること、多くの人に起ったのをあなたが見ていることが、自分にだけは起らないとでも思っていらしたのですか？　芝居の科白(せりふ)ですが、こんな有名な詩句があります。

誰かに起りうることは、誰にでも起りうるのだ。
——プブリリウス・シルス

あの人が子供を失ったのなら、あなたも子供を失いうるのです。あの人が有罪を宣告されたのなら、あなたの無実も危険に曝されているのです。いつわが身に襲いかかるかしれぬ災厄を、実際にそれが来るまでは来るものと予測しないでいる、この思い誤りがわれわれを欺き、われわれの力を奪うのです。災厄が現に来たとき、災厄からその暴力を奪い去ることのできるのは、そういうことは将来必ず起りうるとふだんから予測していた人だけです。

マルキア、われわれのまわりに外面だけ輝いているものはすべて――子供でも、官職でも、富でも、大広間でも、閉め出された依頼者（クライエント）たちで溢れかえる控えの間でも、有名な家名でも、高貴な自分の美しい夫人でも、そのほか不確かな束の間の偶然に依存するものはみな――その輝きはあなたのものでなく、よそからの借り物なのです。そのうちの何一つとして贈り物としてあなたに与えられたものはありません。寄せ集めの、やがては持ち主に返さねばならぬ物たちによって、人生の舞台は飾られているのです。そのあるものはその日のうちに、またあるものは次の日に返さねばなりません。終りまで手元に残るのは僅かなものです。

　だからわれわれが、自分の所有物の中に坐りこんでいるかのように思いこむ理由はまったくないのです。これらのものはみな借り物として預かっているだけです。使用することも利用することもわれわれに任されていますが、その借用期限を決めるのはこれらのものの贈り主です。ですからわれわれは、未定のある時まで貸し与えられているものを、いつでも要求され次第ただちに不平を言わずに返す心の用意をしておかねばなりません。債権者と争いを起すのは、最低の債務者の仕業です。

　ですからわれわれは、――出生の掟によってわれわれより長生きしてもらいたいと願っている者も、彼ら自身の正当な願望によってわれわれより先に逝きたいと願っている者も

――その誰をも、その長生きを、いや、ほんの僅かの生さえ保証されていない者として愛さねばならないのです。ですからわれわれはときどきわれとわが胸に問うて、すべての者はまもなく別れる者である、いやもうじきにも別れる者であると覚悟して愛すべきだ、ということを思い出さねばなりません。運命によって与えられたものはいかなるものでも、それを保証する者なしとして所有すべきなのです。

（「マルキアへの慰め」9―5～10―3）

ストア派に学んだセネカの思想の中核を占める考え方が、このようにして非常に明確に、誰もが納得せざるを得ない説得力をもって、マルキアに、そしてこれを読むわれわれに示される。以上訳した部分だけでもセネカの文章のリズム感に溢れた語りの力は感じられるだろうと思う。

セネカは、子を失った悲哀と苦しみに沈む母親を、どん底から立直らせるために、ストア派の哲学の根本原理から説いているのだ。人は生きる上で何よりも、自分の力の権内にあって自由になるものと、自分の力の権外にあって自由にならぬものとを、きびしく区別しなければならぬ。

自分の力の権内にあるもの、それはすべて心の働きによるものだ。考えること、欲すること、努力すること、行動すること、拒否すること、歩くこと、愛すること、断念すること、等々である。

自分の力の権内にないもの、それはあなたの外にあるものだ。だから財産、地位、名声といったものばかりでなく、自分の肉体、妻や子供や友人たちなど、愛する者たちのいのちもむろんその中にふくまれる。

この自分に所属していないものを、自分の権内にある自由になるものと思いこむくらい不幸なことはない。それでは自分の外にあるものに依存することになり、運命に支配され、自由を失う。それに反し、本当に自分に属するものだけを使用し、働かせ、それだけに頼るなら、運命が何をもたらそうとも一切それに侵されず、自由で、自分自身で充足していられる。すなわち幸福である。

セネカはそういう人間の生き方についての根本原理を、マルキアの立場に立って、やわらかく、力強く、説得しているのだ。

いかなる人も死を免れることはできず、それをあなたはどうすることもできないのです、たとえ最愛の息子であっても。だから、もしあなたが息子の死を悲しみ歎くのであれば、その責めはすでに息子の誕生の時にまで戻らねばなりません。なぜなら死はすでに誕生の時に予告されていたのですから。

そう言ってセネカは今度は、運命の残酷さについて容赦なくそれを明示してゆく。

運命の支配は冷酷で横暴で、人間はそれをどうすることもできない。運命は人間の肉体を乱暴に、残酷に取り扱う。ある者は大怪我をし、ある者はガンや心臓発作や脳出血や、ありとあらゆる病に冒される。むろん戦場で死ぬ者、殺される者も大勢いる。運命は彼らを病によって衰弱させ、長いあいだ生と死のはざまで苦しめる。とにかく運命は、自家の奴隷に対する移り気でわがままな女主人のように、賞めるにしろ罰するにしろ、相手のことなどまったく思わぬ冷酷なものです。

セネカはそう言って、人間は肉体をもって生れた脆い存在であり、死を免れられぬことをもう一度説く。そのことをよくマルキアに納得させておく必要があると考えていたにちがいない。

死すべきものとして生れ

ならば、個々のこと一つ一つに涙したところでそれが何になりますか？　涙すべきものがあるとしたら、それは人生全体です。あなたが古いごたごたを片付け終える前に、もう新しいごたごたが次々と押し寄せてきます。それゆえにあなたがたが際限もなく歎くことは、とくに抑制されねばならず、人間は心の力を多くの苦痛へと分たねばならぬのです。

であるのに、そういうあなたのものでもありまた一般的でもある状況を忘れるなんてことが、どうして起るのでしょう？　死すべき者としてあなたは生れ、死すべき者をあなたは産んだのです。あなたが、いくつもの病の種子を宿した脆くて締りのない肉体を持つあなた自身が、そのような弱い素材の中に、確かなるもの、永遠なるものを宿そうとでも望んだのですか？

あなたの息子は亡くなりました。ということはすなわち、彼はあの目的地へ行ったのです。あなたがあなたの子供より幸福だと思っている人々みながそこへと急いでいるところへ。そこへこそ彼らもみな行くのです、いまフォーラムで訴訟を争っている者も、劇場で見物している者も、神殿で祈っている者も、あの群衆全員が、不揃いな足並みで、しかし必ず。あなたが愛する人も、あなたが軽蔑する人も、ひとしく一握りの灰になるのです。

そのことをこそ、デルフォイの神託といわれるあの言葉「汝自身を知れ」は言っているのです。人間とは一体何か？　任意の揺さぶり、任意の突っころばしで壊れてしまう容器です。あなたを吹きとばすのに大きな嵐など必要ありません。どこへ衝突してもあなたはバラバラになるでしょう。人間とは一体何ですか？　弱い、壊れやすい肉体です。裸で、生れつき無防備で、他のものの助けを必要とする、運命のあらゆる虐待のままに委ねられた存在です。

（「マルキアへの慰め」10－7～11－3）

人間とはいかなる存在であるかという、根本の根本からしてマルキアを説く。セネカの慰めは単に情に訴えるのでなく、人間存在の根元へマルキアの目を向けさせ、人間は死すべき存在、それもちょっとのことで死ぬ脆い弱い肉体を与えられた存在であることを確認させせる。外見は美しいが、動物の餌食にもなるし、突っころばされたり揺さぶられたりすればすぐに壊れてしまう脆い容器にすぎない、とまで言う。死は免れがたいのみならず、どんなはずみで人間は死ぬかしれないのだ、と納得させておいて、セネカは言う。

あなたは、愛する息子の死をも人間の免れがたい運命として受け入れなければならぬのです。あなたの息子は若死にしましたが、人のいのちは長いからよく、短いから悪いというものではありません。人はそれぞれ運命に定められた寿命をもって生れてくるのであり、短くともそれを充実して生きた者はよき生き方をしたと言うべきだ、と。

さらに、あなたはわが子の死を、あまりに早い死だと言って歎くが、あなたはすでに彼から十分に彼の生存の報酬を受けているではないか、とこの手紙の頂点にみちびく。ここは急所であるので、少々長いが全文を読んでいただいた方がいい。

子供を育てたこと自体が

あなたの苦しみは、もしそれになんらかの意味があるとしたら、それはあなた御自身の不幸に関わっているのですか、それとも亡くなった方に関わっているのですか？　息子を失ったことであなたの心を動かしているのは、彼から何の喜びも受けなかったということですか、それとも、もし彼がもっと長く生きていたら、彼からもっと大きな喜びを得られたろうにということですか？　もしあなたが彼から何の喜びも得ていないと言われるなら、あなたは失ったことをもっと楽に堪えられたでしょう。なぜといって人間は、自分が何の喜びも楽しみも感じないものを慕ったりしないからです。

しかし、もしあなたが大きな喜びを得ていたとお認めになるなら、それが奪いとられたことをあなたは歎くべきでなく、すでにそれを得ていることを感謝しなければなりません。なぜなら、息子を育てること自体が、あなたの御苦労に対する大変な報酬だからです。あなたはまさか、犬とか鳥とか、その他のつまらぬペットを世話する人たちが、見たり、触ったり、物言わぬ生きものの甘えるさまに一種の喜びを覚えるのに対し、人間の子を育てる人たちには、育てることの喜びは育てること自体にはない、とおっしゃるのではないでしょうね。仮に彼の熱心な勉強ぶりがあなたに何ももたらさず、彼の誠実さが目につかず、彼の賢さがあなたに何も語りかけなかったとしても――あなたが彼を息子に持ったこと、彼を愛したこと、まさにそのこと自体が報酬なのです。

「しかし、彼はもっと長く生きることができたでしょうに」とおっしゃるのですか。そうかもしれませんが、にもかかわらずあなたは、そもそも彼という者を授からなかった場合を思えば、それよりはるかによい目に遇われたのですよ。長くはなくとも幸福である方がいいか、ぜんぜん幸福を味わわないのがいいか、という選択を迫られたら、あなたはどうなさいますか。たとえ間もなく去ってゆく幸福であっても、恵まれた方がそれを恵まれないよりはるかによいのではないでしょうか。

（「マルキアへの慰め」12－1～3）

誰でもこれを読んだ人は、言いづらい真実をセネカは実に巧みに語っている、という印象を受けるのではないだろうか。子を育てるというそのこと自体が、あなたが子供から受ける最大のよろこびなのです、というこの言葉は、単に子に死なれた母のみならず、あらゆる人の親に対する最高の贈り物ではないだろうか。いや、子供ばかりではない、夫でも、妻でも、友人でも、恋人でも、犬や猫でも、人がその愛する者とともにあるのは、それ自体がすべてなのである。求むべきものは他に何もないのだ。相手がそこにいてくれるということを知ることが、幸いであり、目的の完成であり、これ以上はない満足、充足、幸福なのだ、とセネカは言っているのだ。その者と永久にそうしていることはできない。生きものはすべて死すべき運命にあり、それを逃れることはできない。死はいつ来るかもしれぬ。ゆえに、そのことを自覚して、愛する相手と生きて「今ココニ」いる、自分も生きて「今ココニ」いる、このことをしっかり心に受けとめ、そのありがたさを心ゆくまで味わい感謝することこそ、人が生きるということであろう。

このセネカの言葉は、マルキアに向かって発せられたものであるけれども、人間がこの世にあって愛する相手を得、その者とともに生きることの意味を、これほど正確に言いあらわした言葉をわたしは知らない。わたしがこれに匹敵する言葉として思いだすのは、木下順二(きのしたじゅんじ)が、ずっとパリに住んでいた友人森有正(もりありまさ)が十一年ぶりに日本に帰ってきたとき、その一緒にいるあいだ感じつづけたという言葉だ。

「ああ今おれは彼と会ってる、確かに会ってる、今は、という、一種の切実な思いがいつも私の中に掻きたてられていた」（木下順二『ドラマとの対話』講談社）。（わたしはこの言葉の発せられた状況と、その何十行かの文章を『人生を励ます言葉』〔講談社現代新書〕にも書いている。）

　人は愛する者とあるかぎり、日々、生きているあいだは、この確認をなすべきだとわたしは思う。それこそが幸福を知るということだ。と同時に、そのようにして人は、人間の生きる時は「今ココニ」ある時だけだということを学ぶのである。

　人生の価値はその長さにはない。幸福、人生の充実は、時間には関係ないのである。愛する者とともに生きた日々の喜びを知らない人生は、いかに長くとも何でもない。短い時間でも、真に愛する者と生きる充実を知る者は、それで生の完成を知ったというべきだ。長く生きたところで、生きた日々をつまらないことにかまけて過したような人の人生は何の価値もない。白髪や皺はなんらその人がよく生きたことの証明にはならないのである。

　よく生きた人生とは、仮にそれがいかに短いものであっても、一日一日をそれが自分の全人生であるかのように全力で生きた人の生なのだ。一日一日を全き力で生きた者がよく生きたと言える、とセネカは言うのだ。

この言葉は、唐代の禅僧が言う、また道元が「正法眼蔵」に言う、生きるとは即今、「今ココニ」生きることであるという言葉と重なり合う。

「行持(ぎょうじ)ある一日は、髻中(けちゆう)の明珠(めいしゅ)なり、同生同死の古鏡なり。よろこぶべき一日なり、行持力みづからよろこばるゝなり」(「正法眼蔵」行持　上)

たった一日でもいい、真によく生きた一日はいかなる宝にもまさる宝である、という。まさにセネカと同じことを道元は言っているのだ。そして文明の東西を問わず昔の賢者たちの言うところが一つの同じ点をさしていることに、わたしはあらためて感動を覚える。

よく生きた者の人生は、短くとも完結している。あなたの息子は若くして死んだが、彼は実によくその生を生きたではないか、あなたはそのことを喜び、そのような息子を持ったこと、それ自体ですでに報酬を得ていることを感謝すべきです、とセネカは言う。それともあなたは、出来の悪い人間で、ただ息子という名と立場を汚しているにすぎないような者、最後には破廉恥な行いをして家名を傷つけるようなろくでなしでも、長生きする息子を持つ方がいいとお思いですか?

マルキアへの手紙はあとまだつづくのだが、実質上はこれで完結している。おそらくマルキアも手紙をここまで読んだ頃には、長いあいだ心の底にしこっていた悲嘆の氷が、少しずつ融け、前途に希望が見えだしたのを感じたのではあるまいか。

　そしてわたしがこの「マルキアへの慰め」を読んで感嘆せずにいられなかったのは、当時はむろんそういう言葉はなかったが、セネカのセラピストとしての圧倒的な能力であった。相手の心に潜む問題に対する思いやり、感情移入による深い理解力、相手に接する人間的なあたたかさ、そして何よりもその人間性全体から発する信頼感、こういうセラピーに必要な条件を、セネカは完全にそなえ、その全能力を発揮していることが文章全体から伝わってくる。その力は圧倒的だ。現代の優れたセラピストでも、これを見たら、これ以上のセラピーは求め得ないと言うにちがいない。マルキアの心の奥深く巣くっていた病は、このセネカの人間的な力とあたたかさによって、必ずや癒されただろうとわたしは信ずる。

　この最もすぐれた魂の医者という印象は、とくに「道徳についてのルキリウスへの手紙」において強く感じられる。

　セネカはそのあと、あたかも急激に演奏を終えるのはよくないと感じた楽師のように、最後まで家族全員が無傷であった家がどれだけあったでしょうか、と問いかけ、いちいちその家族名を挙げながら、それらの家に起った不幸を列挙してゆく。

　それらはおそらくすべて当時の有名人で、誰でもその名とその出来事とを知らぬ者はないような事柄ばかりだったろうから、話が抽象的でなく、マルキアは、本当にそうだった、そんなことがあったと思いだしつつ、心が晴れることはなくとも、穏やかに凪いでゆくのを覚えたのではあるまいか。そして最後にセネカは、死は決して悪いものではない、死はあらゆる苦難からの救いでもあると説得する。これはセネカの死生観の特徴でもあるから、やはり取上げておく必要があるだろう。

死とは何か？

死はあらゆる苦痛の解消であり、その終焉です。われわれの苦悩はそれから先へ行くことがないのです。死は、われわれが生れて来る以前にそこに在ったあの安らぎの地へ、われわれを連れ戻すのです。死者たちを悲しむならば、いまだ生れざる者をも悲しまねばなりません。死は善でも悪でもない。善であるか悪であるかということを超えた何かなのです。

（「マルキアへの慰め」19−5）

セネカが死の彼岸を信じていたかどうかは、よくわからない。あるときは霊魂の不滅を信じているかのようであり（プラトンのように）、あるときは信じていないかのようである。が、いずれにせよ、セネカが死を決して悪なるものと見做していないで、一種の救いと見ていたことは、この文章からもわかる。そこは永遠の安らぎのあるところなのである。

と同時に、それは善悪を超越した、善悪という区別では量れないものだと言っているのが、わたしの注意をひく。唐代の禅僧たちも、日本の道元もまた不生と言い、不滅と言う。この点でもセネカは東洋の賢者たちと同じところにいるという気がして、さらに親近感が増す。

「人生の短さについて」

初めの「序——セネカ略伝」で言ったように、セネカがコルシカ島に追放されたのは、クラウディウス帝の妃メッサリーナと、ゲルマニクスの娘で、ガイウス（カリグラ）帝の妹アグリッピーナとのあいだのすさまじい女の争いに巻きこまれ、アグリッピーナの妹ユリア・リヴィラとの姦通の疑いをかけられたためだったが、そのメッサリーナが不義のために処刑され、後釜にアグリッピーナが坐ったことで、彼に日が射すことになった。四九年初め、セネカはアグリッピーナによってローマに召喚され、ふたたび自由の人となった。

アグリッピーナがセネカを喚び戻したのは、当時十二歳の息子ネロの家庭教師にするためだった。彼はこの役を、アグリッピーナに忠誠を誓う護衛隊長ブルルスとともに引受けた。引受けざるを得ない要請であって、セネカに閑暇の中での哲学を選ぶかどうかの選択の自由はなかった。

この場合の家庭教師とは、少年ネロに将来の皇帝としての心構えや、弁論の仕方、物の考え方など、皇帝に必要な基本的な教養、つまり帝王学を身につけさせることであったようだ。個々の学課についてはそれぞれの教師がいた。

セネカはにわかに最も輝かしい時の人となった。彼は宮廷内で最重要の地位にあっただけでなく、五〇年から五五年にかけては法務官職につき、五七年には執政官という最高の役職にとりたてられるなど、政治上でも重きをなす立場にあった。とうてい彼の憧れたような閑暇の中で哲学に生きる生活など望むべくもなかった。そういう多忙をきわめる公生活の中で書いたのが、「人生の短さについて」である。これは四九年中に書かれたと推測されているが、最多忙の中に生きる人が、多忙な者ほどよく生きることの少ない者はないと説くのだから皮肉だ。

だが、おそらく成立事情がそういうものだったためだろう、この論文がセネカの著作の中でも比類のない生気にみちているのは、これがまさに彼みずからの切なる願望の上に書かれたためではないか、とわたしは推測している。この手紙は、セネカの義父でローマの糧食長官（ローマ市民のために麦の確保をはかる役所の長）という要職にあったパウリヌスにあてて書いたという体裁になっているが、できるだけ速やかに職務を退いて自分のために生きよということこの要請は、誰に対するよりも何よりもまずセネカが自分自身に対して求めるものだったろう。

ともあれこれはわたしがセネカを読んだ最初の著作であり、この文章の魅力に惹かれて彼の哲学作品全部を読むに至ったのだから、そのためにも少しくわしく取上げたい。

彼はまずパウリヌスに向かって、君は人生は短い上にそれがなんと早く過ぎ去ることかと歎いているが、人生は短いわけではなく、我々は十分な時間を持っているのだ。ただそれを多くの人は空しく浪費しているだけだとして、それをどんなふうに人々が使っているかの実例を列挙してゆく。この悪い実例の観察と描写による列挙は、以後セネカの重要な文学手法となるもので、セネカの文章のいきいきした説得力は、この生彩にみちた悪の叙述あるがためと言ってもいいくらいだ。

人生は使い方さえよければ十分に長いが、使い方が悪いゆえに多くの人はそれを短くしている。ある者は貪欲からもっと多くの富を得ようとしてあくせくし、別の者は酒びたりになったり、のらくら暮したりしている。屈辱的な思いをして権力にすり寄ったり、次から次へ新しい仕事に空しくとっついたりしている。

彼らに共通するのは、真に自分に属しているものに頼らず、彼らの権内にない外なるものをあてにし、それに依存していることだ。今を生きないで、未来のよい生活を夢みて今を犠牲にしていることだとして、そういう人間は生きているのではない、ただ生存しているだけだと断定する。

こういうネガティヴな、ダメな生を送る者の正確な観察と描写においてセネカは比類がないが、初めのうちわたしはそれらをうるさいと感じ、飛ばし読みしていた。が、やがてこれあるがためにセネカがポジティヴなものを説くとき、それが輝きだすのだとわかってからは、むしろそれらをこそ丁寧に読むようになった。ここではとうてい全部を紹介しきれないが、関心ある人は『人生の短さについて』（岩波文庫）のその箇所をごらんあれ。実にみごとなものです。

さて、そのように自分の欲望や野心のために寸暇もなく飛びまわっている者、生れついての怠け癖のために空しく生きる者、権力者におもねる者、次から次へ目的を変えて成果を得ない者などの実例を示し、世間の人の多くがいかに自分自身のために時間を使わないかを、セネカは熱っぽく列挙してゆく。セネカの目には具体的にそれらの人間の姿が見えていたにちがいない。そして人がいかに時間というものを空しく使っているかを実証し、納得させた上で、セネカはこう説く。

＊　日本語にはドイツ語のdu、フランス語のtuにあたる親称がないので困る。妻の父だからセネカより年長者だろうが、あなたとするのもピンとこないので、君としておく。

時間の浪費

その原因はどこにあるのか？　君たちはあたかも自分は永久に生きられるかのように今を生きていて、自分のいのちの脆(もろ)さに思いを致すことは決してない。いかに多くの時間がすでに過ぎ去ったかを意識しない。時間など無尽蔵にあるもののように君たちは時間を浪費している。そうやって君たちがどこの誰かに、あるいは何らかの事に与えているその日が、実は君たちの最後の日であるかもしれないのに。死すべき者のように君たちはすべてを怖れ、不死の者であるかのようにすべてを得ようとしているのだ。

（「人生の短さについて」3―4）

義理や欲望や習慣に従って世俗のことにばかりかまけていたら、「一生は、雑事の小節にさへられて、空しく暮れなん」という言葉が「徒然草」にあるが、セネカは兼好よりももっと徹底的に、人が世間の雑事によっていかに時を空しく費やしているかを力強く描写した上で、そういう要約をする。

世間の人はよく、そうやって忙しく立ち働きながら、五十になったら閑暇な生活に入ろうとか、六十になれば公務から解放されるだろうと、未来に期待をかけるが、そんなことを言って事を先送りしている人は、あと自分にどれだけの時間が残っていると思っているのか。「死期(しご)は序(ついで)を待たず」（「徒然草」）であって、君が誰かに与えている今日、何かに捧げている今が、君の最後の日かもしれないのに、とセネカは人間の定命(じょうみょう)に常なきことを意識させる。

そして、世事にかまけず、己れ自身と向き合う閑暇の時がいかに尊いかを、これまたセネカ得意の同時代の人物たちの実例を列挙して説く。最大の権力を持ち、最高の地位に上った偉大な人たち、たとえば神皇アウグストゥスでさえ、閑暇を求め、閑暇を称(たた)え、閑暇は自分のどの幸せにもまさる、とつねに言っていたのを君は知っているだろう、と。

閑暇を恋う

神々が他の誰よりも多くのものを恵んだあの神皇アウグストゥスは、自分のために休息を熱望し、国務から解放されることを願ってやみませんでした。帝の口から洩れる言葉はいつでもまた、自分は閑暇を欲するというこのテーマに戻るのでした。いつかは必ず自分のために生きるのだという、このいかにも甘美ではあるが実現されそうにない慰めにすがって、帝はその劇務に堪えておられたのです。（略）それほどまでに閑暇は帝にとって重要なものであり、現実にはそれを実現できなかったために、想像の中で先取りせられていたのです。すべては自分一個の思いのままであり、人民や諸民族の運命を左右しうるその人物が、いつかその偉大な権勢をふり棄てることができる日のことを、最大の喜びをもって思っていたのです。

（「人生の短さについて」4－2～4）

日々を無自覚に生き、時を惜し気もなく使っている人にはわかるまいが、ちゃんと自覚をもって生きる人は、最大の権力者であるローマ皇帝でさえも、自分の権力や地位や名声などより、自分とともに生きる閑暇を得ることを、人生の最高の幸福としたのだという。

さらにセネカはマルクス・キケロや、リヴィウス・ドルススといった人の例もあげ、こういう具体例をもって説得する。とくにこのドルススという護民官は、情熱的で実行力のある人物で、若い時から社会に出て活躍したが、ついに、そもそもの初めから休息がなかった自分の人生を呪い、「自分には子供の頃から一時として自由な時間がなかった」と歎いたという話を取上げて、セネカは、彼のように若い時から野心家であって、自分の魂を顧みなかった者が、自分には一日の休日もなかったと歎いても時すでに遅しだ、と冷たく突き放して言う。

歎きも変えられず

このような、他人の目にはきわめて幸福そうに見えても、自分では己れに対して、我はわが人生すべてを憎むと証言している人たちの例を、これ以上挙げる必要はないでしょう。彼らはその歎きによって他人をも、また自分自身をも変えることができませんでした。なぜなら、こういう言葉を吐き出したすぐあとに、彼らはたちまちまたいつもの習慣に戻ってしまったからです。こういう人たちの人生は、誓って、たとえ千年以上生きてもきわめて短いものに縮められてしまうでしょう。

（「人生の短さについて」6–3・4）

セネカはそういう多忙に生を送った第一級の偉大な人物三人を挙げて、この人たちでさえこのように閑暇を持てないことを悔やんだと示す。その上で、ましていまの世に圧倒的に多い、飲食と性欲のたのしみに耽(ふけ)って、人生のことを考えないような連中は、とても生きているとは言えないと断言する。そんな生は人間として恥ずべき汚辱にすぎないとまで言う。よほどに見るに見かねたのだろう。

こういう言葉を読むとわたしは、朝から晩まで食い物の番組を流している今の日本のテレビや、有名な食い物屋の前に長い列をつくる人々のことを思い浮べずにいられない。また「論語」にこうあることとも重ね合わせずにいられない。

子曰く、飽くまで食らいて日を終え、心を用うる所なきは、難いかな。

（「論語」陽貨二十二）

集まって日がな一日食ったり飲んだりしていて、一度も人生についての話などしないようでは、そんな人間はまず見込みがないな、と言うのだ。

ローマ時代はとくに美食、大食で有名な時代だから、金にあかして来る日も来る日も贅沢な大宴会を催し、食うこと飲むことセックスすることに耽って、いかに生くべきかということとなぞぜんぜん考えないような人間どもが、大勢いたようだ。セネカは別のところで、過剰はつねに悪だ、と言っているが、それはここに記されているような放埒な享楽ぶりを目の当りに見ていたからだろう。アテナイオス『食卓の賢人たち』や、プルタルコス『食卓歓談集』を見ると、当時のローマの贅沢きわまる宴会のさまがよくわかる。まさにすべて過剰なまでの人生享楽ぶりなのである。

さて、そのように論を進めておいて、セネカはこのエッセイの核心につっと入る。この辺の呼吸はここでもまことにみごとだ。

多忙な人間ほど

結局、この点では誰の意見も一致していますが、弁論であれ、自由な人間にふさわしい学問であれ、多忙な人間は何事でもちゃんとやり遂げることができぬものです。多くのことを負いすぎた精神は一事に深く集中することができずに、どれもむりやり口中につっこまれたものででもあるかのように、すぐまた吐きだしてしまいます。そして多忙な人間に何が一番できぬかと言えば、それは生きることです。実際、このよく生きるということぐらい、学ぶのがむずかしいことはありません。それ以外の技芸を教える教師なら、どこにでも、またいくらでもいます。ある種の学問では、子供でもすでに完全に理解してしまって、自分でも教えることのできるものさえあります。しかし、生きること、これだけは一生涯かけて学ばねばならぬことです。そして、こう言うと君は驚くかもしれませんが、人が一生かけて学ばねばならないもう一つは、死ぬことなのです。

多くの非常に優れた人たちが、あらゆる邪魔を押しのけ、富も公務も享楽も棄ててしまって、その生涯の終りまでただ一つのこと、すなわち人はいかに生くべきかを知ることにのみ力を注いだのです。それでも彼らの多くの者が、自分はまだそれを知らないと告白しているほどなのです。ましてやあの飲食や性欲の事に耽ってばかりいる連中に何がわかりましょう。

わたしの言葉を信じていただきたい。尊重すべき、人間のあらゆる過ちを超越した人間のやり方とは、自分の時間から一滴たりとも時を奪われぬようにすることなのです。ですからその人の人生はきわめて長い。時間はつねに彼の支配下にあり、その全部が彼の自由になるものだからです。したがってどんな時も使われずにむだに過されることはなく、他人の勝手にされることはありません。なぜなら、彼は時間の最も吝嗇(りんしょく)な監視人として、自分自身の時間と取り換えるに値するものなど、何も見つけなかったからです。それゆえ彼は時間だけはたっぷり持っていました。が、自分の人生から多くの時を民衆に奪われているような人々には、つねに時間が欠乏しているでしょう。

（「人生の短さについて」7−3〜5）

自分自身が重職にあって多忙をきわめる日々をやむなく送っているセネカの、これが心からの切実な願望であったかと思うと、この文章を読むたびにわたしは胸が痛くなるような気がする。多忙な人間ほどよく生きることが稀だと、これぞ忙しい日々の中でセネカ自身が絶えず自分に言いきかせていた警告であったにちがいないのだ。そして、時間を十分に持っていた賢者に対し、民衆に人生の時の多くを奪われている人間とは、これまたセネカ自身の痛切な自己認識であったろう。

わが国でも、あの高度経済成長期のあいだ、スケジュール表を分きざみの予定で埋め、忙しく会議や面会や打合せや出張やらに動きまわる人ほど偉いとする風潮があった。また現代では実際に、下で働く者よりも、社長とか局長とか、エグゼクティヴといわれる人ほど多忙な社会の仕組になっているのだが、多忙こそ自分の重要さのしるしと見做す人が多かったのも事実だ。だが、多忙の中にありながらその一方で、このセネカのように、閑暇をこれほどまでに熱烈に求め、恋い焦がれた人がどれだけあったか。

多忙であるということ、それはそれぞれ性質を異にするさまざまな事柄、多くはただちに解決や決定を要する事柄が、次から次へ迫ってくるということだ。人は良心的であろうとすればするほど、そのつど全集中力をこめて物事の本質を理解しようと努め、判断し、決定しなければならない。そんなことが日に二十件も三十件も重なれば、一日の終りにはぼうっとなって、自分はいったい今日一日何をしたのかさえ思いだせぬくらいだろう。

しかもこうした働きは、すべて外の事に対する精神の反応である。外の事との折衝、すなわちマインド、頭を使う仕事だ。頭を使うとは外の人や物事とやりとりすること、すなわち真の自己を離れて、自分を世の中に対応する機械にすることである。

これに反しセネカが多忙の反対に置き、憧れる閑暇とは、内に向かう働き、ハートの働き、心の働きに適した状態だ。人は自分自身と向かいあうためには、心を内に向かう状態に置かねばならない。そのために何が必要かといえば、それが閑、みずからを完全な閑の中に置くことなのだ。マインドとハートは向かう方向が反対なのである。

昔から賢者たちは、自分の時間が他人や社会によって一滴たりとも奪われることをきらった。なぜなら、哲学する、すなわち自分の心と向かいあい対話を行うことは、心を完全に自由な、外物の刺戟に左右されない、閑暇、静寂の中に置くことが何よりの前提だからだ。人はそこでのみ真に自分と出会うことができる。

が、大抵の人はただちにわが身をそこへ置くことはしないで、六十の定年になったらそうしようとか、今は働いて蓄えを作り、余裕ができたらそうしようなどと、そんな心の事柄は先送りしてしまうのが常だ。まだ精気があるかぎり、現世にいるかぎり、働くのが第一だ、それが自分の義務だ、とする。

しかしそうやっているうちに、君の生涯の時間は、君を頼りにする者や、君に何かを頼む者、引き立ててもらおうとする者、仕事をねだる者などによって、容赦なくむしりとられてしまう。この世の高い地位に上った者、決定権を持つ者、権力をにぎる者ほど、そういう群がり寄る人間どもによって、時間をむしりとられ、結局あとで歎くことになるものだとして、セネカはこう言う。

白髪も空し

そこでわたしは言うのです。調べてみるがいい、君の人生の残りの日々を概算してみるがいい、と。そうすれば君にもわかるでしょう、君の手許に残っているのはほんの僅かの、使われなかった日々しかないことが。

あの人は長らく望んでいた執政官職*を手に入れてしまった今は、逆にそれを棄て去ろうと願い、いつも口癖のように言う、「いつになったら今年(執政官の任期)は終るのだろう」と。

またあの人は、名誉として願っていた競技大会の主催役を手に入れてしまうと、今度は言う始末です、「こんなものをいつになったら手放せるのだろう」と。

またあの人は弁護士として法廷じゅうで人気を博し、彼の声が聞えぬほど遠くまで聴衆を集めながら、それでいて言うのです、「いったいこの件はいつになったら休廷されるんだ？」と。

こんなふうに大抵の人が、大急ぎで人生にけりをつけようとし、現在への嫌悪から未来への期待に身を焦がしているのです。

これに対し、自分の全部の時間をただ自分自身の必要のためにのみ使う人、毎日を人生の最後の一日であるかのように生きる人は、明日を望みもせず、また恐れもしません。というのは、なんらかの時が彼に新しい楽しみをもたらしたところで、それがどうしたというのです？　どんなことでもすでに知りつくし、飽くほどに味わいつくしているのに。それ以外のことは、運命が好きなようにするでしょう。その人の人生はすでに安全圏にあるのです。こういう人にはまだ何か付け加えられることはあっても、何も奪われることはありません。また付け加えるといっても、それは、満腹した人が、別に欲しいわけではないが何かちょっともらうくらいのものです。

こういう次第ですから、なにも髪が白くなったとか、皺がたくさんあるからといって、それをその人が長く生きたしるしと思う必要はまったくないのです。彼は長く生きたのでなく、単に長く生存したにすぎないのですから。

（「人生の短さについて」7-7〜10）

この段を読むとわたしは、この多忙に苦しむ人、人からは権力の絶頂に上ってさぞ幸福だろうと思われるが、当人は早くそんなものを放擲したがっている人とは、実はセネカ自身ではないかという思いを禁じ得ない。何度も言うようにこの頃セネカは生涯の権勢と出世の絶頂にあった。彼はまたかつて法廷での弁論でも有名だった。また当時は競技の運営は法務官に委任されたそうだから、それを歎くのもセネカ自身かもしれない。とにかく、現在への嫌悪から未来に憧れるのは、これを書く頃のセネカ自身と見做していいだろうと思う。

その彼が、毎日を最後の日と思って生きている人を最高に賞めたたえるのだ。どんな時でも自分自身のためにのみ時間を用いることのできる人に憧れているのだ。これはそのままセネカの願望であるだろう。

セネカの文章が我々を打つのは、こんなふうに、それが単なるお説教でなく、彼の現実を生きる悩みの中から生れた言葉だからだ。人に向かって言うよりは、彼は自分自身に向かって言っているのである。

そして、それにしてもわたしは彼がここでも、人の生き方の極致を、一日一日を人生の最後の日と思って生きること、としているのに注目せずにいられない。これは、前にも言ったが、人の生きるところは「今ココニ」しかないということだ。「今ココニ」を全力で生きることが、人生を生きることなのだ。そこには過去もなく未来もない。「今ココニ」が絶対的現在であって、そのまま永遠につながっているのだ。セネカがこのことを何度も、いろんなところで言っているのを見れば、これは運命や徳や死についての思索とともに、セネカの中心にあった問題であったことがわかる。

わたしは前に道元の「正法眼蔵」について書いたとき（『道元断章』岩波書店）、道元が禅の極致は「今ココニ」生きるにあるとしていることに感動し、以後ずっと自分に向かってその思いで生きるよう要請しつづけている。だからなおのこと、二千年前の帝政ローマ時代を生きたセネカが同じことを言うのを見て、東西の賢者の考えるところの一致に感銘を受ける。セネカが白髪や皺が長くよく生きたしるしではないと言うように、道元も、

> いたづらに百歳いけらんは、うらむべき日月なり、かなしむべき形骸なり。
>
> （「正法眼蔵」行持　上）

と言っているのだ。

さて、そのように言った上でセネカは、人が時間をいかに無造作に他人に与えてしまうかに、あらためて驚きの声をあげる。金や物を与えることにはきわめて吝い人間が、時間ばかりはなんと気前よく人にくれてやることか。何より尊いものである時間が、まるでタダのように安く扱われている。時間には形がなく、目に見えないから、その尊さが見えないのか。

年金や恩賞は人の喜んで受け取るもので、それを得るためなら人はどんな骨折りでも苦労でもする。なのに時間ばかりはなぜこのように無造作に使うのか。理由は一つしかない。彼

らは人生をいつまでもつづくものと誤って見做しているからだ。

セネカはそう言って、このエッセイのもう一つの主題——未来のよい生活を夢みて今の生活を犠牲にするような者は、よく生きたとは言えない——に入る。未来のよい生活のために、今がむしゃらに働いて金儲けに専念するというのは、あの高度経済成長期に日本人の大半が陥った病であって、とても他人事(ひとごと)ではないのである。カードで物を買ったりローンを組んで住宅を手に入れるという考え方は、昔の日本人にはなかったものだが、これも大量生産・大量消費経済とともにアメリカから入ってきたものだ。

ここは大事なところなので、全部引くことにする。

＊　古代ローマ人にとって執政官職をつとめることは、政治家として最高の名誉であった。

未来のために生きる人は

ところで世の中にあの連中以上に愚劣な生き方をしている人間がいるでしょうか。僕の言うのはあの、自分のお利巧さんぶりを示そうと、骨折ってわざわざ超多忙な生き方をしている連中のことですが。彼らは将来もっといい暮しができるようにと、いまを忙しく立ち働いている。今の生活を犠牲にして人生を設計する。遠い先を視野に置いて計画を立てる。事実はしかし、人生の最大の損失とはまさにこういう延期、先送りなのに。彼らは遥か遠い先にあるものを得ようとして、いま目の前にある日々を未来に捧げ、未来の成果のために現在を奪うのです。だが、今日を無にして明日を得ようとするこの期待こそ、生きる上での最大の障害なのです。運命の手中にあるあてにならぬものをあてにして、自分の手の中にあるものをとりこぼしてしまうのですから。君は、どこを見ているのです？　どこに向かって進もうとしているのです？　これからやってくるものはすべて、不確かさの中にある。今この時をこそ君は生きるべきです。見たまえ、最大の詩人＝予言者が叫んでいます。神々の声に動かされたかのように、彼は救いをもたらす格言をこう歌っています。

まさしく人生における最良の日こそ、あわれな人間たちからまっ先に
逃れてゆく
——ヴェルギリウス

「なぜお前はためらっているのだ」と詩人は言っているのです。「何をぐずぐずしている？　お前が今日という日を捕えなければ、それはたちまち逃げてしまうぞ」と。

しかし、たとえ君が捕えたとしても、それでも時は逃げてゆくのです。故に、時の速さに対しては、ただちにそれを使うことで戦わねばなりません、あたかも流れて止まらぬ急

流から急いで水を飲むように。

また詩人が「人生の最良の年代」と言わずに「最良の日」と言っているのは、きりもなく計画ばかり立てていることを非難する、まことに巧みな言い回しです。このように速やかに逃げ去る時間であるのに、なぜ君はかくも安閑と落ち着きはらって、月やら年やらの長い行列を、いかにそれが君の貪欲な目にはよく見えようとも、君の前方に先送りしてゆくのです？　詩人が日について語っているのは、君の日のこと、まさにこのように逃げてゆく日のことなのです。

（「人生の短さについて」9–1〜3）

人間が生きる時とは「今ココニ」の時しかない。只今をこそ生きよ、とセネカは言う。しかし、人は社会生活の中に生きるかぎり、暦やカレンダーや時計の時間の中に生きざるを得ない。そこには過去があり、明日があり、週と月と年とがある。今年は紀元何千年と数えもする。その時間を受け入れ、守らなければ人は社会に生きられないが、カレンダーの時間ばかりになると、社会生活がそうであるように個人の生活も、すべて未来によりかかる時間になってしまう。

時の過ぎることの何ぞ速きは、多忙な人生を送らねばならなくなったセネカの、痛切な思いであったのだ。その中で、ただちに今を生きねばならぬとは、セネカのみずからに言う警告であった。人生の最良の日こそ真先に、心貧しき人間から去ってゆくの思いも、もしセネいない。

カがその時代をそう感じていなかったら、このように切実な言い方にはならなかったにちが

　この箇所は、社会生活の中にあってそれに埋没しきることができず、自己実現の時を求める人全部にとって、励ましとも希求ともなりうる文章だと言っていい。

　わたしが今これを書いているのは、自分の説を述べるためでなく、なるべく多くセネカの文章を知ってもらいたいとの願いからだから、ここでまた引用に戻るが、これから引くところは、ふたたび、多忙の人はいかによく生きていないか、それに反し雑務を遠くはなれ、自分のために生きる人の人生はいかに長く、充実しているかということで、ちょうど音楽が転調しつつ同じ主題を繰り返すように、セネカの文章もうねりのように何度も同じ主題を取上げ、読む者の心に刻みつけるのだ。

自分の人生を生きる人

　結局のところ、彼ら（多忙の人）がいかに僅かしか生きないかを、君は知りたいのですか？　ならば、見たまえ、彼らがみなどんなに長く生きたいと願っていることか。よぼよぼの老人が、誓いを立ててほんの少しの歳月のおまけを得させてくれと神に乞う。自分たちはまだ若いのだと言いたてる。彼らは嘘でみずからに媚び、好んでみずからを欺く、そ

れで同時に運命をも欺くことができるとでもいうように。しかし彼らがついに、人間は弱いもので死ぬべき定めにあることを完全に思いださせられたとき、彼らのなんと恐れおののいて死んでゆくことか。彼らはまるで、人生から去ってゆくというのでなく、むりやり引きずり出されたように死んでゆくのです。自分たちは愚かだった、よく生きて来なかった、と彼らは叫び、もし今度この病から逃れることができたら、今度こそ閑暇の中に生きようと言う。そして彼らがこれまで味わうことのできなかったことを得ようとしてももはや叶わず、すべての試みが空しく終ったことに、やっと気づくのです。

それに対し、あらゆる雑務から遠く離れて人生を送っている人にとって、人生が長くないわけがありましょうか？　その人生からは何一つ他所（よそ）に運び出されず、何ものもあっちこっちにばら撒かれず、その何一つ運命の手に委ねられません。何一つとして怠惰によってダメにされず、何一つ気前よく人に与えてしまって奪いとられることなく、また余計なものは何一つないのです。いわば、その全部に利子がつくのです。だから、たとえどんなに短くとも、その人生は十分以上に満ち足りています。——またそれ故に、いつ最後の日が来ようとも、賢者は、しっかりした足どりで死の中へ入ってゆくことを少しもためらわないのです。

（「人生の短さについて」11—1・2）

セネカの世界では、人はよく生きた人間とよく生きない人間、徳を身につけようとする人間とそうでない人間、賢者とそれ以外の人、多忙に生きる人と閑暇をわがものとする人――というように、はっきりと優劣の価値づけをされる。愚者は愚者とあえて呼ばれるし、立派な人物は立派な人と称讃される。

わたしがセネカを読んで一番感じ入ったのは、そういうきわめてきびしい、容赦のない価値づけだった。現代日本で最も行われていないのが、そういう倫理的価値による人間の腑分けだからだ。悪平等主義が、人間誰しも同じ価値があるかのような見方しか助長してこなかった。

しかし、これは当り前のことだが、徳（この言葉もほとんど廃語になってしまっているが）を求めて努力する人と、欲望のままに何の修養（これも同じ）もしない人とでは、人間の価値はまるで違ってくる。人間としてあるべき心構えを学ばなかった者は、肉体はヒトでも人間になっていないのである。近頃やたらに多い、若い親による幼児虐待を見ると、そういう、人間になりきらぬ形だけヒトの種族が、残念ながら今の日本には多すぎる。

おそらくこれは日本の戦後教育（一九四五年の敗戦後の教育）が、人格とか徳とかというような目に見えない価値を古くさい封建主義の遺物のように見做して、人間的価値そのものを否定してしまったためであろう。修養とか、修行、訓練、努力といった言葉までが棄てられて顧みられなくなった。

わたしがセネカを読んで感動するのは（これは「論語」を読んだ場合も同じことだが）、

そういう人間をして人間たらしめる徳という観念が、ここにははっきりと、たしかに存在しているとわかるからだ。ここでは徳を身につけた人間と、欲望のままに動きまわっている人間とは、明確に人間としての優劣の区別がつけられている。徳という価値がはっきりと存在し、信じられている。ヒトは徳を身につけて初めて人間になるのだとされている。徳を身につけぬ者は無徳、悪徳の者で、蔑（さげす）むに値する人間なのである。

それを思うときわたしは、二千年も昔の世界の方が、およそ人間の心とか精神とか人格ということにおいては、現代日本よりはるかに立派な、健全な人間社会であったなという、讃嘆の思いにとらわれる。そして日本もこれからはふたたび（なぜならそれはかつての日本には、少なくとも江戸時代には存在したのだから）、そういう倫理的価値の大系をしっかり打ち立てる必要がある、さもないと日本人はこのまま放っておいてはとめどもなく下等になってゆくだろう、と思わずにいられない。

セネカがいかに徳のある人間と、徳のない人間、多忙な人間と閑暇に生きる人間とをきびしく区別し、優劣の差をつけていたかは、いま引用した部分につづく「人生の短さについて」の12以下の部分を読んでみればわかる。セネカはなんとこまごまと、各種の職業の者について、正確に観察し、その行為を裁いていることだろう。わたしはいま一度それらを引く煩（はん）に堪えないが、こういう無徳の人間の観察と描写にリアリティがあることも、セネカの文章の魅力のうちなのだ。

同じストア派の哲学者でも、エピクテートスのように教養を箇条書きしただけのような語録は、思想は明瞭だが肉がなく、面白味に欠ける。

さて、世の中に多いそういう無徳人、徳に志さない人々の生態を列挙した上で、さっと一転してセネカは、本書で彼が言いたい第三の主題――哲学に志す者はあらゆる時代の賢人と一対一で付き合うことができる――に入る。これは思いがけない転回のように見えるけれども、よく読めばそれこそが、人が永遠を得る道であることがわかる。古今東西の賢人と付き合うことが叡知を求める行為であり、それこそ人の「今ココニ」が永遠と直結する時なのだ。それにしてもこの文章は力強く美しく、我々を生へと励ます。

ソクラテスと会話ができる

あらゆる人間の中で哲学のための時を持つ人だけが、閑暇に身を委ねている人であり、彼らだけが真に生きている人です。なぜなら、彼らは自分の人生を大事に守っているばかりでなく、あらゆる時を自分の時に付け加えて生きているからです。彼ら以前に過ぎ去ったどんな時代であれ、それはすべて彼らのものです。我々が感謝の念を持たぬ人間でないかぎり、あの尊い思想の有名な創造者たちは、みな我々のために生れたのであり、彼らは我々のために人生を準備してくれたのです。他者の労苦によって我々は、闇の中から光の下に引き出されたあの最も輝かしい世界へと導かれます。いかなる時代も我々に拒まれておらず、いかなる時代にいてもそこに入ることが許されています。この偉大な魂の世界を通って、人間の弱さを超えたところへ出てゆくことが可能なら、そこには我々が縦横無尽に歩きまわることのできる途方もなく大きな時間帯があります。

そこではソクラテスと会話することもできれば、カルナデスと懐疑論について論じあうこともできます。エピクロスと隠退生活を共にすることもできれば、ストア派と共に人間の本質を超越することもでき、キニク派の哲学者とそれを棄てさることもできます。

自然がいかなる時代との交際に入ることをも許してくれる以上、どうして、この短くはかない時の移ろいを逃れ、全身全霊をあげて、あのはかり知れぬ世界、永遠なる世界、より善きものと結ばれた世界へ入らないでいいものでしょうか。

（「人生の短さについて」14―1・2）

これこそ最も美しい、人間に希望を与える言葉ではあるまいか。ともかくわたしは、この箇所をいままで何度読んだかしれないが、読むたびにこの文章から希望と力づけを与えられた。

人間の一生が短く、はかなく、脆いものであることを人は誰もが知っている。肉体をもってこの世に生を享けた以上、人はその誕生の時から生老病死の因果の律を免れることはできない。が、その因果の中にあるわが身をそのまま肯定して、短くはかなく脆い生に徹することで、人はそれを超越することができる。自分の「今ココニ」の生を永遠なるものとじかに結びつけることができる。それが、我々以前に存在した偉大な人生の先達、あの覚者とか賢者とか哲人とか呼ばれる人々と直接に交わることで可能になる。この心の世界では、千年前の人も、二千年前の人も、いまわたしの目の前にいる人である。わたしがセネカの世界に入って、彼の言葉に聴き入っているとき、セネカはすぐそこにいる。そういう世界に入ってゆくことが君にも可能なのだ、とセネカは言っているのだ。

これはかつて人間によって言われた最も美しい言葉の一つだと言ってよい。

人は現世では、いかに偉い人、権力者、高い地位の人、有名な人、富者などに会おうとしても、そういう連中ほど、願いや頼み事を持ってくる者に対しては横柄で、つっけんどんで、邪険で、なかなか会おうとしない。会ったところで威張りくさって、こちらの話にろくに耳を傾けようとしない。

とくにローマ時代は、世に出ようと志す人はみな誰かそういう権力者の庇護の下に入って、その人の手下になって恩恵を俟(ま)つ習慣だったから、力のある人、富める人に付くことが必須のことだった。セネカはこの時代における権力者の一人だったから、そういう依頼者にはさんざん悩まされたらしい。

彼は、いま引用した美しい文章のすぐあとに、これら面会を求める依頼者と、逃げまわる権力者との醜い争いを、滑稽な筆致で描いてみせる。美のあとにまた現実世界の醜を描き出し、さんざん醜を描いておいてひょいと美を出すのも、セネカが文章にメリハリとうねりを作りだす工夫の一つだ。

ネガティヴなもの（現実の世界）をしっかり描き出しておくから、ポジティヴなもの（理念の世界）を描くにとくに力まないでも、ちょっとスケッチしただけでそれが輝きだす。下手な作家だとそのどちらかばかりに傾くから、やたらに肩に力が入ってかえって白々しくなってしまうが、セネカは、二日酔いのぼんやりした頭で依頼者に尊大な態度で接し、いやいや口を動かすような現世の偉い人の姿を描き出しておいて、次の行でさっとその反対の人々の姿を描いてみせるから、話がよくわかるのだ。彼はゼノンやピタゴラスやデモクリトスや、そのほか正しい学問の巨匠たちや、アリストテレスやテオプラストスといった賢者たちの名を挙げ、こういう賢者たちに会おうとすれば、彼らは、現世の権力者とちがって、決して居留守を使ったりせず、快く会ってくれると言う。来る者は誰でも拒まず、どんな友人がしてくれるより、その者を幸福にする。決して空手で帰すことはない。彼らは夜でも、昼でも、いつでもすべての人間に会ってくれる。こういう人たちをなぜ君は頼らないのだ。彼らこそ人間の真の親ではないか、とセネカはたたみこんでゆく。

人は誰も自分の親を勝手に選ぶことはできない。どんな親に当ろうがそれは偶然の定めるところでどうにもならない。

だが、人はもし欲するならどんな親の子にでもなれるのである。君はそこなら養子になりたいと思うどんな家でも選ぶがいい。君は決して拒まれることなく、その財産をすべて引き継ぐことができる。引き継ぐ者が多ければ多いほど、それはますます増える不思議な財産だ。そういう家こそが、叡知の家なのである、と言う。

それにつづけて言うことも、これまた二千年後の現実に苦しむ人間にも光と希望を与えてくれる、美しい言葉だ。

滅びぬもの

彼らは君に永遠に至る道を示し、もう二度とそこから投げ出されることのないところに君を置いてくれます。それこそ死ぬべき者の限界を拡大してくれる、いや、それを不死なるものに変えてくれるただ一つの可能性です。

現世の栄誉ある官職や、記念碑など、そのほか名誉欲の決議によって建設されたものはすべて、速やかに倒壊し、時の流れの中で壊れ、動かされてしまいます。それに反し、徳によって聖化されたものは傷つくことがありません。いかなる時代も、それを滅ぼすことも減ずることもできません。それにつづく世代も、どんな後の世代も、ますます尊敬の念を深めてゆくでしょう。なぜといって、近くにあるものには嫉妬がついてまわりますが、我々離れた時代の者は心おきなく讃嘆できるからです。

（「人生の短さについて」15–4・5）

セネカのこの讃歌こそ、後代の人間が人類の初めから今に至るまでの賢人、哲人に捧げる最も美しい言葉だとわたしは思う。我々がソクラテスであれ孔子であれ、何千年前の人であれ今自分の前にいる人として教えを乞うことができるのは、まさに叡知こそは永遠に変らぬものであるからだ。そして心からなる讃歌こそが、彼ら賢人たちの知恵を学ぶ唯一の正しい心構えなのである。

結局のところ、この「人生の短さについて」でセネカは、これまたマルキアに言ったと同じく、人は自分の権能のうちにあるもの（心とか精神の力）だけを信じ、それのもたらす喜びだけを本物と思うべきであり、それ以外の自分の権能の外にあるもの、とくに偶然や運命のもたらすものに頼ったり、それを信じたりしてはいけない、ということをさまざまな角度から説いているのだと、終りになって気づく。さらに、これを書いているとき彼自身が運命のもたらした最高の地位と責任と幸運の中にあるだけに、その偶然に頼るなという教えにしても、単に説教として無責任に言われているのでなく、実に切実な、彼の自分自身に対する叫びのように、悲痛にさえ聞えるのである。たとえばこんな箇所でもそうだ。

偶然がもたらすもの

まさに最大の幸運こそ不安にみちたものであり、人生のいかなる状態においても最善のものほど信じられないものはありません。幸運を守るために別の幸運が必要になり、実現された願いの代りに別の願いが必要になります。すなわち、偶然からやってきたものはすべて、安定した存続を欠き、より高く立ち上がった者ほど、より墜落の危険にさらされているのです。やがて落ちるであろうことを喜ぶ者は一人もいません。より大きな苦労をしなければ所有しつづけられないものを、わざわざ大変な苦労をして手に入れようとする者の人生くらい、単に短いのみならず最も惨めなものはありません。

彼らは欲したものを骨を折って手に入れると、今度は不安で一杯になって、手に入れたものを失うまいとするのです。その間、二度と返らない時間のことは考慮の外です。以前の多忙に代って新しい多忙があらわれ、希望が希望を、野心が野心を駆りたてます。惨めさが終ったのでなく、その対象が変っただけなのです。

（「人生の短さについて」17－4・5）

こうやって訳してみると、この描写こそ、セネカ自身の状況の自己分析ではないかという気がしてならない。セネカは宮廷でも政界でも大きな権力の座についたが、代々の名家の出でもない者がそういう地位につくとは、それだけ多くの敵を作ったことと同じなのだ。やがてわかるが、宮廷内のセネカの地位は、武力を握ったブルルスとの共存の上に辛うじて成立しているのである。だから、のちにブルルスが死ぬと、とたんにセネカは宮廷内でも元老院でも中傷と非難の矢面に立たされ、それがためにネロの信頼も失って、失脚同然の形で隠退することになった。それをもってこの文章を見れば、このやりきれない、きわどいところに立っている人は、ほかの誰でもないセネカ自身の姿と言っていいだろうと思う。

セネカも辛い立場にいたのだ。

が、この辛さは、あらゆる長と名のつく地位にいる者に共通の、権力の宿命とも言うべきものではないか。高く上った者ほど大きく落ちる。中国の古典にも同じ言葉があるが、真実には古今東西の違いはないことを、セネカの言葉は証明している。

多忙の惨めさ

多忙な人間の状況は言うまでもなくみな惨めですが、その中でも最も惨めな者といえば、自分自身の用事のためでもないのにいろいろ苦労をさせられたり、他人の眠りに自分の眠りを合わせたり、他人の歩みに自分の歩みを従わせたり、(あらゆる物事のうち最も私的なものであるのに) 他人に命ぜられて、人を憎んだり、愛したりさせられる者です。

彼らが自分自身の人生がいかに短いかを知りたいなら、自分だけの生活がいかに小さな部分でしかないことを思いみればいいのです。

（「人生の短さについて」20−1）

この文章もまた、初めて読んだときはセネカが他人についてきびしい判断を下しているとのみ取ったが、あとで何度も読むにつれ、これもセネカの自己告発ではないかと思うようになった。とくに、他人に命ぜられて人を憎んだり愛したりさせられるというところは、尋常一様のことでなく、よほど異常な状況でなければ起り得ないことだが、これもネロという絶対権力者の存在を仮定すれば、宮廷ではごくふつうにありうることかもしれぬ。他人の眠りに自分の眠りを合わせるとか、他人の歩みに自分の歩みを従わせるというところも、変にリアリスティックで、やはり宮廷でのことだろうという推測を誘う。

そして、これはセネカの自己告発であると見做すとき、この他人を裁くような文章は、逆にセネカ自身に突き刺さるように感じられ、読む我々にとっても他人事（ひとごと）ではなくなるのである。

こういう文章にリアリティがあるから、「人生の短さについて」は、全体が、どこをとってもいきいきしていて、説得力があるのだ。この論文は読むたびに内容が重くなってゆく。ここに語られている否定的な生き方のあるものは、他人ではなくセネカ自身のことであると考えるとき、問題は我々自身のことになってくる。自分がその中でどうすべきかが問われているのだ。

昔からこの論文は、その実生活と論旨とのあまりの矛盾のために、セネカが最も多忙な公的生活を引き受けていた時に書かれたのではなく、六二年の引退後に書かれたのではないかとも言われてきたという。が、わたしはその矛盾ゆえにこそこの論文は、このようにいきいきとした、どの一行にも苦悩に直面するセネカの真摯な姿が感じられるものになっているのだ、と考えたい。

多忙な糧食長官パウリヌスへの次のような直截(ちょくせつ)の忠告も、その目で見ると、セネカが自分自身に向けてかくあれと祈っている言葉のように聞える。

国家より自分を

君の人生の大部分、いずれにしろその良き部分をいままで君は国家のために捧げてきたのでしょうが、だったら今はその時間のなにがしかを、自分のために取りのけたまえ。

僕は君に怠惰な、あるいは無為の平穏生活をすすめるのではありません。君が持っているいきいきした資質を、眠りや、大衆の好む娯楽に沈めよと言うのでもない。それは休息せよということではないのです。引退によって君はこれまで立派に果してきた公共の仕事よりももっと大きな課題をそこに見出し、それを安全の中に引き籠って実現することができるのです。
　君はいまたしかに世の利益のために力を尽しています、他人に対するように我欲なく、自分自身のことのように注意深く、国家のことのように良心的に。そして他人の憎悪を避けることが難しい公職にあって、君は敬愛を得て来ました。しかし、それにもかかわらず、僕の言うことを信じてもらいたい、自分自身の人生の構造を知ることの方が、国家の穀物調達の実態を知るよりもよいことなのです。

（「人生の短さについて」18−1〜3）

自分の人生の構造を知るとは、つねに自分のすることについての明確な意識を持っていること、他人によって動かされるのでなく、自分自身の考えと意志によって自分の生の全体を握っていることを意味するのだろう。国家のために尽すことよりも、セネカにとってはそういう哲学に専念する生の方が、自分自身は最も多忙な公の仕事の中にある時でも、望ましく、ただちに実現したい夢であったのだ。

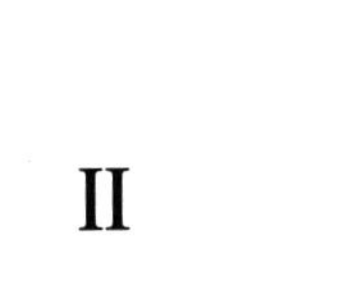

II

「道徳についてのルキリウスへの手紙」

ネロも治政の全部が全部悪かったわけではなかった。クラウディウス帝がアグリッピーナによって毒殺され、ネロが帝位についたのが五四年で、それからの五年間は当時の歴史家が「ネロの五年間」と呼んだくらい善政をしていたのだ。むろん顧問役としてのセネカの助言に全面的に従ったためだが、この時期彼の中の悪い面はまだ露(あら)わになっていなかった。が、ネロは母親アグリッピーナの支配欲と権勢にいつまでもおとなしく従っているような人間ではなかった。まず母親とのあいだに間隙(かんげき)ができ、陰険な母子の争いが始まった。ネロはまた教育者セネカとブルルスのよき影響からも少しずつ離れていった。

そして五九年、ネロが新しい恋人ポッパエア・サビナと結婚しようとするに及んで、ネロと母親との関係は決定的に悪化した。ポッパエアはアグリッピーナの個人的な敵であり、どんなことをしてでも彼女とネロの結婚をやめさせねばならぬと決意したアグリッピーナは、いろんな策謀をはかり、かえってそのために自分がネロに殺されてしまった。ネロは母殺しをしたのだ。

そのところをグリマル『セネカ』(文庫クセジュ)はこう説明している。

　しかしそれ以後、セネカにとって事態は一変した。ネロは罪を犯す可能性のあることを暴露してしまった。もはや彼を、君主のなかで最も「罪のなく」、最も「寛容な」者として紹介することは不可能になった（筆者注―セネカは「寛容について」という論文〔五六年頃〕の中でネロをそう表現したのだ）。彼に仕えることは、翻って自分を彼の共犯にすることになってしまう。五九年三月末のアグリッピナの死は、「五年のよき時代」の治世の終わりをしるした。その後、セネカは隠棲しての闘い――なお三年のあいだ闘いつづけるが、最終的には、闘いを放棄することを余儀なくされる――を送るのであるが、この間、彼は自分の原則に従って一歩一歩後退していったのである。

すなわち五九年からセネカは徐々に準備をし、六二年に引退、その後三年の闘いののち、ネロに殺されたということである。この一歩一歩後退していったというのは、「心の落着きについて」の中のこういう箇所を指して言っているのだろう。

　むろん僕は、セレヌス君、時と場合によっては退却が許されることを否定するわけではない。が、退却するならその時は一歩一歩、落ち着いた足どりと秩序ある編成で、軍の名誉を傷つけないでしたい。武器を持ったまま降伏する者の方が、敵にも尊敬され、より安全なのです。徳と徳の愛好者は次のことを為すべきだ、と僕は思う。運命の力の方が強く、行動の可能性を切り裂くときは、すぐに武器を捨てて敵に背を向け、あたかも運命がついてこられない場所があるかのように、隠れ家を探して逃亡すべきではない、と。そうではなくて、さまざまな責務を少しずつ少なくしてゆき、慎重な選択の末に何か社会に役立つものを見つけるべきだ、と。

（「心の落着きについて」4－1・2）

まるでこの時が来るのを予言したかのような、運命を先取りした文章ではないか。ともかくセネカは五九年に引退を決意し、それから三年間一歩一歩退いていって、六二年に至ってネロに正式に引退を申し出た。そのときのことをタキトゥスが「年代記」に記しておいてくれたので、我々はかなりくわしくその状況を知ることが出来る。

ブッルスの死はセネカの勢力を打ち砕いた。元首に及ぼす善良な影響力が、いわば片方の旗頭ともいうべき人物を失って、これまでと同じ力を保てなくなり、ネロが下劣な勢力の側に傾くようになったからである。性悪な者らは、さまざまな中傷でセネカを攻撃した。

（『年代記』第14巻52）

六二年にずっとセネカと二人三脚でネロを支えてきたブッルスの死んだことが、それまでにも次第に増大していた宮廷人たちのセネカへの嫉み、羨望、憎悪などの感情の堰を外し、一度にどっと溢れだしたのだ。セネカはネロに、いままでネロから与えられた全財産（ローマ帝国有数と言われたもの）の献上を申し出で、それとともに引退の許可を乞うた。

ネロはセネカに教えられたみごとな弁論術で、言葉巧みに丁重にセネカの功を讃え、これからも今までどおり仕え、わたしを援けてくれ、と引退を許さなかった。そのところをタキトゥスはこう書いている。

> こう言って、ネロは抱擁し接吻した。まやかしのお追従で内心の憎しみを隠す才能は、ネロの生得のものであるし、習慣でも鍛えられている。セネカは、主君と会談した後でいつも終りにつけ加えるような感謝の言葉を、このときも述べた。しかしそれ以来、セネカは権威者としての生き方を捨て、伺候者の群れを拒み、子分のお供をさけた。都にはめったに姿を見せず、健康を害したといったり、哲学の研究を口実にしたりして、家に閉じこもったのである。
> （『年代記』第14巻56）

セネカは引退した。そしてそれからはもっぱら思索と執筆の生活に入った。長年の夢と願望だった、閑暇の中で哲学に専念する時を得たのだ。これがセネカの人生における最も幸福な時期だったろう。これからのセネカの仕事ぶりがすさまじい。

彼は「自然研究」と「道徳についてのルキリウスへの手紙」を書き始め、そのほかこれもルキリウスに贈る「神意について」を書き、そのほかにも「倫理哲学の書」「哲学の勧め」「結婚について」「友情について」など、失われて現存しないものも書いた。「道徳についてのルキリウスへの手紙」（以下、出典は「手紙」と略す）は、百二十四通もあり、全二十巻、レクラム文庫で十七冊の大部な著述だが、わたしはこれを読み、セネカの思想はこの隠退の三年間の思索によって一段と深みを増し、円熟の域に達したとつくづく感じた。

セネカは睡眠時間も必要最小限に削って、起きているあいだじゅう、思索、執筆、読書に精神を捧げていたと「手紙」の8で言っている。セネカ晩年のこの異常な多産は、自己回復の要求から生じたものだと言われているが、同時に、死は近きに在(あ)りの思いがきわめて強かったせいもあるのではないか、とわたしは想像している。長いあいだ実社会の雑事にかまけて専念できなかった哲学にようやく戻ることができて、自分の中に眠っていたものを目覚めさせよう、自分を取り戻そう、という意欲が、死の自覚の中で強烈に湧いて来たのだと思う。死は「手紙」の中で柱というべき重いテーマである。

この手紙の相手ルキリウスは、セネカより何歳か年下で、セネカを友人としてというより哲学上の師と仰ぎ、人生上、哲学上の問題でわからぬことがあるとセネカに手紙を出し、セネカがそれに答えるという形で手紙が進行している。

ルキリウスはナポリかポンペイの生れで、当時シチリアの行政長官をしていたというが、手紙はしばしばセネカの自問自答のような印象を与える。* 実際にルキリウスが何とも言ってこなくても、セネカが問いを考え出し、みずからそれに答えるという形で書いたものも、かなり含まれているのではないか。が、とにかくこの百二十四通の手紙にはしばしば、セネカ自身の最近の出来事が報告されていて、生活記録といった面もあり、その点でも面白い。

むろん厖大なものを全部紹介することはできないから、その中でわたしに訴えかけた文章を選び、ドイツ語訳三種の訳文を参照してわたしが日本語に訳したものに、短い感想を付け加えることにした。それでもほんの一部しか取上げられなかったのが残念である。

＊ ドイツのセネカ学者マウラッハによると、近年ヨーロッパのセネカ研究者の間では、「道徳についてのルキリウスへの手紙」は、全体が実際の文通ではない、すなわち、郵便で届けられた手紙に対する、実際に発送された返答ではない、と見る点で意見が一致しているという。つまり全部が創作と見るのだ。そうかもしれぬという気もする。

時間をしっかり摑んでおけ

こうしたまえ、ルキリウス君、君自身のために君を自由にせよ。そしてこれまで君から奪われるか、こっそり盗まれるか、こぼれてゆくかした時間を集め、しっかり守れ。事実は僕がここに書くとおりなのだと信ずるがいい。時間のあるものは我々からもぎ取られ、あるものは剝奪され、あるものは流れ去ってしまうのです。けれども最も恥ずべきは、怠慢による喪失です。気をつけてよく見たまえ。人生の大部分は悪事をしているあいだに、最大の部分は何もしないあいだに、そして全人生はどうでもいいことをしているあいだに、人間からすべり落ちてしまっているのです。

君は僕に誰か、時間になんらかの価値を置く人、一日を大事にする人、自分が日々死んでいることを自覚する人の名を挙げることができますか？ というのは、死を前方に見ていると思うこと自体が誤りなのです、死の大部分はすでに過ぎ去っているのです、過去に属している人生の断片は、すでに死の権能下に入っているのです。

だから、ルキリウス君、君が書いているようにしたまえ。すべての時間をしっかり摑んでおけ。君が今日という日を手に握っていれば、明日に依存することがそれだけ少なくなる。人生は先送りされてゆくあいだに通り過ぎてしまうのです。

（「手紙」1–1・2）

ルキリウスにあてて書く最初の手紙の主題が、今という時をしっかり摑んでおけ、だった。時間を人に奪われるな、こっそり盗まれるな。わたしは初めこれを読んだとき、剝奪されるなというその用語のはげしさに驚いた。が、これはむしろセネカが自分に向かって言いきかせているのだと考えたとき、そういうはげしい物言いもっともだと理解した。

セネカは六二年にネロの許可を得られないにもかかわらず強引に引退してしまったが、暴君ネロがいつ死を命じてくるかしれぬことは、つねにセネカの意識の中にあっただろう。死はつねに彼の前にあった。そのことを証するように、このルキリウスへの手紙で最も多く取上げられているのが、死のテーマなのである。死を前にして、今という時に全力で自己集中して生きているのが、隠棲してからのセネカの生き方であった。それがこの時間を奪われるな、の高揚した物言いになったのだ。

セネカが時の大部分は奪われたり盗まれたりしているのだと言うとき、わたしは、彼はネロに仕えていた十四年間を思い浮べていたような気がしてならないのだ。彼が時間の喪失を意識するとき、そこに必然的に死は近きに在りの思いが、つねに顔を出しているように思う。セネカがこの短い、しかし重要な手紙の終りにこう書いているのも、自分のことを言っているような気がする。

さて、それでどういうことになりますか？　自分に残された僅かのものに満足している人を、僕は貧しい人とは思わぬのです。

（「手紙」1―5）

ともあれセネカがここで言っていること、時間のすべてを自分のものとしてしっかり摑まえておけ、はむしろ現代人に対してこそ言われているようにわたしは思う。インターネットだのテレビだの電話だのケータイだの、ありとあらゆる文明の機器によって途方もない量の情報に日々さらされている現代人こそ、時間を空しい情報収集のためなどに奪われないで、情報は重要なものだけに限り、あとは自分のために使うべきであろう、と。

多読の害

セネカはやたらに居場所を変えたり、あっちへ行ったりこっちへ来たりするのを、病める心の徴候と見做していた。それは読書においても同じで、あれを読んだりこれを読んだり、絶えず書物を替えて読むのは、心に落着きがないからだ、と考えていた。そこでこんな注意を書くことになる。

そんなふうにあっちこっちするのは、心が病んでいることを示しています。心の落着きの第一のしるしは、立ち止まることができること、自分とともにいられることだ、と僕は思う。

だから注意したまえ、そんなふうにやたらに多くの著者のものやあらゆる種類の書物を読むことには、何か不安定なもの、落着かぬものがあるのではないか、と。もし君が失われることなく心にしっかり刻みこまれる何かを得ようと欲するなら、一定の偉大な精神のもとに留まって、彼らに養ってもらわねばなりません。どこにでもいる人は、どこにもいない人なのです。生涯を旅に費やす人は、各地に多くの知人ができるでしょうが、真の友情は得られないでしょう。それと同じことは、どんな精神とも深い信頼関係に至らず、すべてを大急ぎでさっと通り過ぎてゆく人にも、必然的に起るのです。

（「手紙」2－1・2）

わたしも六十年以上の読書生活をしてきて、セネカの言葉は正しいと保証する。多読はわたしもしたが、それは精神に何の痕跡も残さなかった。セネカがつづけて言うように、

絶えず薬を取り替えるくらい、治癒を妨げることはない。

（「手紙」2－3）

のだ。セネカは文章の終りを必ずこういう箴言(しんげん)ふうの物言いで締めくくるが、どれも格言として心に残るような言葉だ。

貧を楽しむ

貧乏が楽しいものになったら、それはむろんもう貧乏ではない。所有の少ない人ではなく、渇望の多い人が、貧しいのです。

（「手紙」2―6）

「ルキリウスへの手紙」の1と2は、ともに短く、二つ合して一つの序論をなすと言われるが、それはその短い中に全書簡に通じる主なテーマ――死、時間の喪失、心の落着き、精神集中、貧乏と富裕、友情、自由と運命、徳と悪徳など――が、すでに出ているからだ。また書き方も、前節の終りに示したように、説得する文章の終りを箴言で締めくくるなど、その点でも典型的なのだ。

ルキリウスは、セネカの属するストア派と対立する快楽主義哲学者エピクロスを愛していたので、セネカは敵側であってもいい言葉はいい言葉だと、毎回エピクロスの言葉を引いて、何か本文とは違うちょっとしたことを、「おまけ」として書く。エピクロスの引用は初めの方に特に多く、全部で三十ほどある。これもその「おまけ」の言葉だ。

これなぞ「往生要集」の、「足ることを知らば貧といへども富と名づくべし　財ありとも欲多ければこれを貧と名づく」とまるでそっくりの考え方だ。賢者の考えは、古今東西にわたって変らないのである。

だが、それにしてもセネカはいかにも楽しそうに、ほとんど舌なめずりせんばかりに、エピクロスの言葉を引くが、それがどれも実に魅力的な言葉なのに感心する。これもエピクロスの、

「楽しき貧しさは、美（うるわ）しき哉（かな）」

を引いて、それをセネカが自分の言葉に変えたのだが、二人の名人の合奏を聴く思いがする。

すべての人を信じるのも、信じないのも

すべての人を信じるのも、誰をも信じないのも、共に誤ちです。どちらも為すべきではない。だが、どちらかと言えば、前者を立派な誤ち、後者を危険のない誤ち、と僕は呼びたい。

（「手紙」3－4）


人を信頼するか、しないか、これは現代でも少しも変らぬ大問題だ。信頼して、あとでこんな人だったかと幻滅して離れるなんてことは今でもよくある。そこでセネカは、その人物を友情のうちに迎え入れるかどうかは、その前によくよく観察し、よく考慮すべきだ、と言う。友情を結んだあとは信頼がなければならないが、友情を結ぶ前には判断がなされねばな

らぬ。愛したあとで判断し、判断したあとで愛さないのは本末転倒で、そんなことをするのは恥だ、と言う。そこでこういう言葉が出てくるわけだ。裏切られるおそれから誰をも信じないのも、軽々しくすべての人を信じてしまうのも、ともに誤りなのだ。だが、とセネカは、どちらかと言えば前者に肩を持ちたいふうである。

友情

友人には君の心配事でも何でも打ち明けるがいい。君が友人を真に信頼しうる者と思うなら、君は彼をそういう人間にするだろう。

（「手紙」3―3）

こちらが相手を完全に信じきれば、相手はそういう人間になるだろうとは、美しい思想だ。これは人間に対する信頼を抱かせる。

セネカは、友人を選ぶには慎重でなければならぬが、ひとたび受け入れるに値する者だと決めたら、心を開いて歓迎し、全幅の信頼を寄せ、自分自身と話すように大胆に彼と何でも話せ、とも言っている。そうすれば相手は君の信頼にふさわしい人間に自分を作りあげる、と言うのだ。人間に対する深い理解が言わせた言葉だと思う。

落着きのなさと不活発と

憩(やす)んでいる者には行動が、行動している者には休息が、必要だ。

（「手紙」3―6）

落着きなく絶えず忙しく動きまわっている人間もいるし、じっと坐りこんで何もしない者もいる。どちらもダメだ、とセネカは言うのだ。前者の活発さは真の活動でなく、浮わついた心にせかされて動いているだけ、後者のは真の落着きでなく、意欲の乏しさからくる不活発にすぎない。そう言ってこの言葉で締めくくるのだ。このへんの文の運びはまことにうまい。

その上でセネカは、自然に向かって相談してごらんと言う。そうすれば自然は、わたしは昼も作ったが夜も作った、と答えるだろうと言う。

平常心

君は毎日、平常心をもって人生を去ることができるよう、心を訓練しておきたまえ。大抵の人は、激流にさらわれまいとして茨(いばら)の茂みか粗い岩肌にしがみつくように、この人生にしがみついていますが。

（「手紙」4―5）

ルキリウスへ向かって言うセネカの言葉は、しばしばセネカが自分に向かって言いきかせることのように聞える。だからその言葉に真実味があって我々を打つのだが、おそらくこれもその一つであろう。前にも言ったように死はこの書簡集の大きな主題の一つで、死はつねに近きに在りの思いは、我々の想像以上にセネカにとって切実だったのである。セネカは、想像力で勝手に苦しむことをやめれば、死は何事でもないと言っている。

希望と恐怖の連鎖

けれども、一日のちょっとした収穫を君と分つために言えば、今日僕はわれらが哲学者ヘカトンの中にこういう文章を見出した。それは、烈しい要求の終りは、不安に対する治療薬としても役立つ、というのだ。「君が希望することをやめさえすれば」と彼は言う、「君は怖れることをやめるだろう」と。すると君はこう反論するかもしれない、「どうしてこの相反する感情の動きが同時に存在しうるのか？」と。それは、ルキリウス君、矛盾するように見えるかもしれないけれども、実はこの二つは互いに密接に結びついているからだ。同じ一つの鎖が囚人と看守を結んでいるように、この根本的に違う感情同士も互いに歩みを共にしているのです。

（「手紙」5―7）

わたしは初めルキリウスと同じくこれが理解できず、同じ反論を発した。が、セネカの置かれた状況を想像したとき、この言葉が完全にわかった、と思った。

もしセネカの心に、もしかするとネロは自分を殺す命令を発しないかもしれぬという希望がちょっとでも兆（きざ）したら、同時に、いやあの母親をさえ殺した男が、気に入らなくなった元教師を殺さないわけがあろうか、という恐怖が生れるだろう。望みを持つことが怖れを呼び起すのだ。希望と恐怖はたしかに一つ鎖につながれているのだ、と。

これはしかしセネカの場合だけのことではなく、我々一般に通用することだ。病気でも、解雇の可能性でも、合格か不合格かでも、何でも望みを持てば反射的に、それを得られないのではないかの怖れが生じる。望みを持ちさえしなければ、怖れは生じないのだ。

そういうときストア派の哲学は、来るか来ないかわからぬ災厄は必ず来ると覚悟しておけ、と教える。来たらそのときは黙って受け取ればよく、心さえ平静ならばどんな災厄でも大したものではない。物それ自体がではなくて、それについて人間の抱く妄想が君を怖れさせるのだ、と。

これもまた我々にも参考になる教えだ。

想像力で苦しむ

野獣は危険が迫るのを見れば逃げだす。危険が去ればもう何の心配もしない。人間だけが未来のことや過去のことを思って、我と我が身を苦しめるのです。人間の利点であるものの多くが、逆に害をなすのです。

（「手紙」5―9）

人間には言葉と意識と思考力があって、これあるために予見もし過去からも学び、他の動物にはできない文明を作りだした。そこで人は万物の霊長などと言っていい気になっているが、この利点であるところの意識や想像力などのゆえに、逆に人間は動物にはない苦悩を体験する。実際には存在しないものを想像して我と我が身を苦しめるのだ。が、動物は死がやってくるまで死の予測によって自分を苦しめたりしない。死が来るまでは現在を生きつづけ、死が来たら平然と受け入れる。これと同じように余計な想像や意識や分別に惑わされず、動物同様正しく事態に対処できる人は、達人である。

共有してこそ楽し

これはお前一人の胸にしまっておけ、人には教えるなという条件つきで知恵を授けられるのなら、僕はおそらくそれを突っ返すでしょう。どんなに善きものでも、仲間がいないのでは持っていても楽しくない。

（「手紙」6—4）

モンテーニュは「エセー」の中でこの言葉を引いて（第三巻第九章）、さらに調子の高いキケロの、どんな賢者でも、いかに物や知恵に恵まれようと、孤独の中で誰にも会えないなら命を断つだろう、という言葉をも紹介している。もっともそのすぐ先では、退屈で愚かな者と道づれになるなら、一人きりの方がずっといい、とも言っているのだが。どちらもそのとおりだが、わたしはやはり一人きりで知恵を授かっても生きる甲斐はない、とする方に与する。

大衆の禍

大衆との付合いくらい禍（わざわい）にみちたものはない。我々になんらかの悪徳をすすめるか、押しつけるか、知らぬ間に身に付けさせるかしない者は一人もいない。

（「手紙」7—2）

セネカの大衆観はきびしい。大衆とは欲望と快楽によってつき動かされる者たちであって、叡知によって行動せず、付和雷同し、彼らに従えば必ず誤る、というのがその大衆観だと言っていい。

「幸福な人生について」ではその初めに、幸福を求めるこの道では、大衆によって踏みならされた人通りの多い道ほど人を誤らせる、とまで言っている。一番禍をもたらすのは、大衆の喝采がよしとしたことを最善と考えることで、自分の理性で何が正しいかを判断するのでなく、右へならえで大衆のあとに無考えについてゆくのが一番危険だと言うのだ。

これは現代でも事情は変らないだろう。経済界で問題になった不祥事を思い返せば、どれもみんなのするとおりにしたというものばかりだ。総会屋への賄賂(わいろ)提供、銀行幹部による大蔵省高官の接待、狂牛病疑惑の牛肉すりかえ事件、等々、どれも自分の考えで事の理非曲直を判断して行動したのでなく、よそもしているから、先例だから、それが慣習だからしたというものばかりだった。

テレビのワイドショーなどが取上げて大騒ぎするのも、大衆の喝采めあての煽動である。三浦某のロスアンジェルス事件のように、その結果司直の手にかかったのにあとで無罪を言いわたされたものもある。

セネカの時代も煽動された大衆の動きほど恐ろしいものはなかった。彼らと付き合い、彼らの気に入ることをしていたら、こちらまでがその悪徳に染まると、だから警告する。

一人で十分

わたしにとっては一人が大衆であり、大衆とは一人である。

——デモクリトス

わたしには少数者で十分だ。一人で十分だ。誰もいなくても十分だ。

——無名氏

わたしはこれを多数者のために書くのではない、一人のために書くのだ。なぜなら我々二人は、一人がもう一人にとってすでに十分な数の大衆だから。

——エピクロス

これらを、ルキリウス君、君の胸にしまっておきたまえ。君が大衆の賛同から生じる満足感を軽蔑できるように。

（「手紙」7−10・11）


大衆の喝采は物事の正しさの証明にはならない。正とか善とか美という問題については、数の多少は判定者にならない。一人の正しく見る目があれば十分なのだ。

後世のために働く

一日として僕は無為に過したことはありません。夜はその一部を学問研究のためにとっておいて、睡眠時間はとくに定めていない。眠さに負けてまどろむだけ、目覚めているのに疲れて瞼が自然に下がってきても、まだ仕事にへばりついていています。僕が人々からばかりでなく、世のさまざまな用事から、しかもまず自分の私的な用事から身を引いたのは、これからはただ後世の利益のためにだけ働こうと決心してのことです。彼らのために僕は、よく利く警告——それはいわば役に立つ治療薬の処方箋ですが——を文字で書き残しています。その効力を自分自身の潰瘍で試みた上で、仮に完全に治癒しきらなくても、病気の進行は止まったことを伝えようとして。このようにして僕は、さんざん道に迷って疲れ、晩年になってようやく認識した正しい道を、いま人々に示しているところなのです。そして僕は叫ぶ、「大衆の気に入るものを避けよ、偶然のもたらしたものを避けよ。思いがけぬ幸運に遇ったら不信と不安を抱け」と。

（「手紙」8—3）

ルキリウスへの手紙の初めにセネカはいつも自分のきわめて個人的な思いや出来事を記すが、この手紙はとくに隠棲後のセネカのすさまじい生き方を伝える。

自分が人々からも仕事からも身を引き、隠棲して門を閉したのは、なにも無為と安楽を求めてのことではないとして、その生活ぶりを記すのだが、それが実にすさまじい。引退後の「閑暇の中での哲学」の実際はかくの如きものだったのだ。時間はもうない、死は近しの思いがいかに切実であったかが、この言葉から伝わってくる。セネカ晩年の異常な多作の背景にあったのは、こういう生活であり、志だったのだ。

わたしはこの決意と告白を読んだとき、なにやらじんとして、身のひきしまるのを覚えた。ルキリウスにあてて書いていることは、一人を通じて後に生れて来る者へ、後から生れてやはり道を求め、道に迷う者への、せめてもの道案内として書き遺しているのだ、とセネカは言っているのだから。

そしてその第一に告げることが、偶然のもたらす幸運を信ずるな、ということなのだ。それは運命が見せつける甘そうな餌だ、そんなものに大喜びしていたら君は手痛いしっぺ返しを食うぞ。その先には絶望あるのみである。運命が君に贈ったものは、君のものではない。偶然の機会が君に与えるものは避けよ。それが幸福に至る唯一の正しい道である。セネカのこの声には何か悲痛なひびきさえある。僕の場合を見よ、これこそ運命に翻弄された者の好例ではないかと言っているかのようだ。警告は彼自身の痛切な体験から発しているのだ。

友情は人間の本性

賢者が自分自身に満足していて、それでもなお友を求めるのは——他のいかなる理由からでもない——友情というこの大きな徳が耕されずにいないよう、それを行うためです。

（「手紙」9－8）

ふたたび友情だが、ここでは自分自身で完全に充足し満ち足りている賢者は友人を求めないか、というテーマをめぐって、賢者もまた友を求めるのはなぜかと問い、その理由がこれなのである。

友情は功利的な理由から求められることもある。病気のときや困窮したとき助けてくれる者として友を求めるのだ。が、功利のために利用された者は、利用価値があるあいだ大事にされるだけで、それがなくなれば見捨てられる。そんなのは真の友情ではない。賢者が友人を持つのは、いかなる功利的目的でもなく、その人のために死ぬことのできるような相手、流刑の地までもついていけるような相手を持つためだ、とセネカは言う。

賢者は自分自身に満足していますが、にもかかわらずもし汝は共に生きる人間なしに生きよと言われたら、彼は生きてはいないでしょう。彼を友情へ駆り立てるものは功利ではなくて、自然の本性なのです。

（「手紙」9―17）

敬愛できる相手を持ち、その人と共に生きることに喜びを感じるのは、人間に自然が与えた本性のためだ、と言うのだ。自分に何かが欠落しているからその補完のため友を求めるのではないのだ。賢者は友人がなくとも幸福に生きられる。が、自分自身で充足していてもなお、人を愛さずには生きているに値しないとするのが、賢人といわれる人なのだ、と言う。

美しい思想だ。

幸福とは

自分は幸福ではない、と思う者は、幸福ではない。

（「手紙」9-21）

これも「第九の手紙」のおまけの部分で、幸福について論じる。エピクロスの、「自分の財産は十二分にあると思えない者は、たとえ全世界の主人であっても、不幸である」を、セネカは、それはこうも言い換えられようと言う。「自分を非常に幸福だと思えない者は、たとえ全世界を支配しても不幸である」

そしてさらにそれを転じたのがこれなのだ。セネカはそう言って、これが本当だと思えないなら、君の精神状態が問題じゃないか、と言っている。こういう倫理的命題の言い換えもよく行われていたのだろう。

赤面症

僕が思うに、彼のこの癖（赤面症）は、たとえ彼が自己を確立し、あらゆる欠点をなくしても、いや賢者になってもなお、彼についてまわるでしょう。というのは、いかなる叡知によっても、肉体の、精神の、天性の弱点は克服できないからです。

（「手紙」11－1）

スラもポンペイウスも赤面症だったが、どんなに訓練してもその癖は直らなかった。そう言っておいてセネカは、しかしこれは自然がその力を行使しているだけのことであって、なんらその人の人格を損なうものではない、と断言するのだ。発汗、膝のふるえ、歯が鳴る、これらはみな同じ、気にするな、と言う。肉体に、精神に、こういう弱点をかかえた人を、セネカのこの言葉はどんなに力づけるか。

老年

セネカの手紙は初めに必ずつい最近体験したことを記すので、セネカの生活がじかに伝わってきて面白い。この手紙は郊外の別荘に行ったところ（セネカは各地にいくつも別荘を持っていたらしい）、別荘も別荘番も石垣もすべてが古くなっているのを見て、どちらを見ても自分の老いの証拠を見せつけられた気がした、と初めに記す。そしてこう書く。

　郊外のこの別荘のおかげで僕は、どっちを向いてもいたるところで自分の老年をしっかり見せつけられた。さあ、それを受け入れ、愛そうではないか。使い方さえ知っていれば、老年は喜びにみちた年齢です。果物はダメになりかけた時が一番おいしい。少年期の優美は終り頃最高に達する。ワインの楽しみに耽る人間を喜ばすのは最後の一杯、彼らを沈没させ、酩酊を完全にする一杯です。

　どんな楽しみもが内に隠しておく一番の喜びは、終りに及んで最高に達するのです。老年は、終りに傾いているがまだ急速には沈まない時に一番楽しいものになる。死の閾ぎわに立つ年齢でさえ喜びがある、と僕は思う。それとも、喜びに代っていかなる欲求もない状態が来るのだ、とでも言いますか。さまざまな欲望を克服して置きざりにするくらい愉快なことはありません。

（「手紙」12―4・5）

わたしも老年をわが人生の一番いい時と考えている一人だから、セネカのこの老年讃歌には全面的に賛成だ。幸福を肉体に属するのでなく心に属すると考えるかぎり、肉体は衰えても精神が落ち着いた円熟に達する老年が一番幸福な時であるのは当然のことなのだ。先がないから老年は一日一日をこれ限りの時と見做して生きる。一日が全生涯となって輝く。

一日一日

だから一日一日を、その日が日々の連なりの終りの日であり、人生を完了させ充実させる日であるかのように、生きるべきなのです。

（「手紙」12−8）

この心掛けを日々新たに持つことが、老年を生きる要（かなめ）で、そう覚悟して生きてこそ老年は実りある日になる。それを、若い時のように人生の目標をずっと先に置いて今を犠牲にして過したのでは、生きたことにならない。今日一日が生涯の完了する日と思って生きてこそ、もし神がさらに明日という日を付け加えてくださるならば、それをありがたくお受けする気にもなる。セネカはそう言って、夜寝る前に「わたしは十分に生きた」と自分に言いきかせられる人こそ、朝ごとに新しい日を恵まれるのだ、と言う。

想像で苦しむ

現実に我々を押し潰すものより、恐怖に陥れるだけのものの方が、ルキリウス君、多いのです。我々はしばしば事実そのものによってよりも、それについての想像に苦しむのです。

（「手紙」13-4）

前にも同じ問題を取上げたが、現代でも事情は変らないのだ。とくに情報の過剰に迷う現代人の方が、事実は何かを見定めるのが難しく、物事について抱く妄想によってお化けを作り、お化けにみずから苦しむことが多くなっている。現実に本物の病に苦しむより、ガンにかかっているのではないかというような妄想に苦しんでいる人が、なんと多いことか。

先走りするな

だから、ルキリウス君、僕の忠告は、事実に先走りして不幸になるな、ということです。君が脅威として恐怖している物は、ひょっとしたらやって来ないのかもしれないし、いずれにしろ現実にまだやって来ていないのですから。

（「手紙」13-4）

これこそ知者の忠告と言うべきだ。その災厄が来るかもしれぬと言って、来ないうちから心配して不幸になるくらい愚かなことはない、そうでなくても人生に楽しいことは少なく、心配事の方が多いのだから、その上さらに空想で自分を苦しめることはない。何が来ようと、来らば来れとどっしり構えて、今を出来るかぎり快活に保つ工夫をしている者の方が、いざという時に強い。

妄想の害

どういうわけか、妄想の方が余計に我々を惑乱させるのです。というのは、事実にはそれ自身に限度があるが、何であれ無知から来る怖れは、臆測と、びくつく心の気紛れに委ねられてしまうからです。だからどんな怖れでもパニックになった怖れくらい破滅的で取り返しのつかぬものはありません。

（「手紙」13－9）

そういう心理的パニックに陥らぬためにセネカがすすめるのは、知らぬために確実でないものに対しては、実体を見究め、その上で君自身の判断を信ぜよ、ということだ。ここでも最悪なのは、みずからの目で見て確かめもせず、大衆に付和雷同することだ。

肉体

それゆえ我々は、肉体のために生きねばならぬというふうにではなく、肉体がなくては生きられぬというように振舞わねばならない。肉体に対する過度の愛は不安で我々を落ち着かなくさせ、心配事で悩ませ、屈辱的状態に陥れる。あまりにも肉体を大事がる者にとって、徳は無価値です。

（「手紙」14—2）

自分の肉体に対する愛は、我々に生れついてのものだ、とセネカはまず認める。それについていろいろ配慮しなければならぬことも認める。だが、肉体の奴隷にはなるな、と警（いまし）めるのだ。肉体を大事がるあまり、絶えずその心配をしていると精神がおろそかになり、心は肉体の奴隷になって、もはや心の修養などということとは無縁の人になる、と言う。

この点で、セネカより五十年あとに生れたストア派の哲学者エピクテートスと、当然のことながら肉体観を同じくしている。*

いつもからだのことにかまけているのは、精神の貧しさを示すものだ。スポーツに熱中しすぎたり、飲み食いの楽しみを追い求めたり、性に耽（ふけ）ったり、こんなことは片手間にさっさとすますべきことで、すべての注意力は精神的資質の発達に向けられねばならぬ。

（エピクテートス『道徳の手引書』〔レクラム文庫、筆者訳〕）

現代日本ではしかし、このすすめの反対で、肉体は人々の最大の関心事の一つだ。毎月健康雑誌が何種も発行され、スポーツ、美容、美容体操、セックス、健康食や医療は、ジャーナリズムのお好みのテーマで、テレビなど朝から晩まで食い物番組を流している。人々が肉体にかまけること、史上かつて例がないくらいだ。それでは肉体の奴隷だ、とセネカは言うのだ。

＊ 参考――エピクテートス『人生談義』岩波文庫、提要41。

精神へ戻れ

何をするにせよ、速やかにまた肉体から精神へ帰りたまえ。これこそ君が日夜訓練すべきものです！　適度な努力によって精神は鍛えられる。この訓練は暑さ寒さによって妨げられない。いわんや老年においてをや。要するに君は、年を取るとともに価値を増してゆくもの、すなわち善をこそ心掛けるべきです。

（「手紙」15―5）

セネカの手紙は内容が関連していて、前節で肉体のことにかまけすぎるなと言ったのに対し、ここでは適度な運動はいいと、その具体例をいろいろ挙げている。その上で、しかし速やかに肉体から精神に戻れと言うのだ。

帝政ローマ時代の人はよほど肉体の鍛練に熱中していたものとみえる。

自然の要求と世俗の欲望

誰かによって適切に言われたことはすべて、僕のものでもある。で、これはまたエピクロスの言葉ですが、「自然に従って生きれば、君は決して貧しくはならない。世俗の欲望に生きていたら、決して豊かにならない」という。自然の要求は僅かですが、世俗の欲望には限りがないからです。

（「手紙」16－7・8）

セネカは面白いことを言う。右の言葉のあとで、道を行くには終点がある。が、道に迷う者には終りがないと、自然の要求と世俗の欲望の限度のなさをそんな喩(たと)えであらわすのだ。自分の求めるものが自然の要求か、世俗の欲望かを知りたいなら、それがどこで止まるかを考えるがいい。いくら行っても終点に達しないなら、それは悪しき欲望だ、と言うのだ。

エピクロスにはまた「大いなる富とは、自然の律によってととのえられた貧しさだ」という言葉もある。

富と哲学と

「多くの者にとって、富を得たことは苦悩の終りではなくて、その変形だった」というこのエピクロスの言葉に僕は驚きません。過ちは事物の中にでなく、僕らの心にあるからです。
（「手紙」17—11）

ルキリウスが相変らず「十分な財産を持ったら哲学に専念しよう」とか「一文なしでは哲学もできまい」とか、不覚悟なことを言うのに対して、貧乏など恐ろしいものではない、即刻すべてを放擲（ほうてき）して哲学に専念せよ、と叱咤するのがこの手紙である。ルキリウスは一応道に志はあるのだが、まだ財への執着と、財のない生活への不安から逃れられないでいる。それに対し、貧しいことは何でもない、君の言うそんな欲求を断念することがはかりしれない報酬をもたらす、と言う。それは何かと言えば、どんな種類の不安をも——その究極として死の不安をも——取り除いてくれる内的独立、ますます増大する自由がそれだ。だから君は貧乏を恐れて、哲学に専念するのを遅らせてはならない、と言う。

これは哲学に専念するセネカのような人ばかりでなく、あらゆる宗教者も言うことだ。わが国の道元も「正法眼蔵随聞記」の中で何度も何度もそのことを警めている。富を得てから修行に専念しようというような心掛けでは、いつまでたっても悟りはひらけぬ、と。

我々だってそうだろう。生きてゆく上で、自然の要求するところは僅かなのである。食は飢えを満たせば足る式の考えに徹すれば、年金生活者だって十分に豊かなのだと、そのことを教えるのがセネカの哲学だ。

貧の体験

ところで僕は君の心の強さを試そうと固く決心したので、あの偉大な人々の指示に従って君にこうすすめます。幾日か期限を切って、その間は僅かの単純な食物と、粗いごわごわの衣服とで暮してみて、こう自問するのです、「これがあの怖れていたことか?・」と。

（「手紙」18-5）

人間は安楽で便利快適な暮しばかりつづけていると、困窮に堪える力がなくなる。またそういう生活をありがたいとも思わなくなる。そこでセネカは、ときどき意識的に生活をゼロの地点にまで引き下げてみよ、とルキリウスにすすめたのだ。セネカ自身もときどきそういう実験を行っていたことが、別の手紙に書いてある。そこではこう言っている。

もし君が精神を自由に保ちたいなら、貧乏であるか、貧乏の真似をするがいい。

あえてそういう心の訓練をする必要がある、と言うのだ。わたしもこの意見には賛成だ。とくに飽食時代と言われるくらい食い物でも衣服でも何でも街に溢れている現代日本に育った子供たちには、日を決めてこういう粗食・粗衣・粗居に堪える訓練をさせたら、どんなに彼らの今後の心身の発達のためにいいかと思う。

（「手紙」17－5）

大人だって事情は変らない。良寛が草庵暮しという極度の簡素な生き方を選んだのは、身をゼロのところに置くことによって、生きてあるありがたさをつねに感じるためだった。心身に活気を与えるためにも、人は自分で自分をそういう状態にしたがいい。断食療法までゆかずとも、方法はいろいろある。

引退のすすめ

出来るなら君は君のその職務からただちに引退したまえ。出来ぬなら、強引に身を引きはがせ！　すでに十分以上の時を我々は浪費してきた。老年を迎えた今こそ、いつでも旅立てる用意を始めようではないか。

（「手紙」19－1）

　セネカ自身が長い間ネロの宮廷で多忙と権力の座にあった人だけに、この呼びかけは彼自身の内から発せられた悔恨であるかのように、悲痛にひびく。引退して哲学に専念したいの願望は、セネカにおいてこそ最も切実なものであったにちがいないのだ。「人生の短さについて」の中で彼は、哲学に専念する者だけが真に生きている人間だと言っているが、それは彼の本音であったのだ。

　が、相手のルキリウスは高位にあり、さらに重要な地位への昇進を約束されていた。彼が引退を決意するのは途方もなく大変なことであるのを知っていて、セネカはそれでも引退して魂の事柄に専念せよとすすめるのだ。

　　大きなものは安くは買えない。よくよく考えてほしい。君は、君自身を放棄するのか、君の持物の何かを放棄するのか？
（「手紙」19－4）

　地位が高くなれば墜落の危険も大きくなる。成功に近づくほど恐怖に近づく。そう言ってセネカは、マエケナスなる人がその地位の絶頂にいる時言ったという、
「高さそのものが峰々に雷をひき起す」
という言葉をあげる。高い地位そのものが周りの人間を脅かす。それだけまた、羨望、嫉妬などの的になる。敵の数が増える。その危険を防ぐには、早く退いて、自由の境地に入れと

言うのだ。

借金

僅かな借金は債務者を作るだけだが、多額の借金は敵を作る。

（「手紙」19－11）

ここでは恩恵を施すことの難しさについて言っている。セネカには「恩恵について」という大部の著作があるが、人に恩を施すことではさんざん苦労し、苦い体験をしたらしい。富があって地位が高い者はとかく、恩恵を与えることが友人を得る有効な手段と思いがちなものだが、それくらい大きな災厄はない。恩恵を受けることが大きければ大きいほど、人の心に憎悪が増してゆくものだ、と言うのだ。

たしかに我々の周りを見ても、返済不能なほどの金を借りた者は、とかくその貸した相手を憎みだすものだ。

弁論と行動

哲学が教えるのは行動であって、弁論ではない。

（「手紙」20－2）

そう言ってセネカは、哲学が要求するのは次のことだと条件を列挙する。まず各人が自分自身のプリンシプルに従って生きること、生き方と弁論が矛盾しないこと、行動と内面が一致していること、あらゆる行動の色合いが一つであること。叡知の最も重要な課題とそのたしかな目じるしは、行動と言葉が調和していること、自分があらゆる点で自分自身に忠実で、自分でありつづけることだ、と言うのだ。
「論語」も、忠（相手に対する誠意）と信（言葉と行動がたがわぬこと）を最も重んじ、もし言葉と行動に矛盾がなく、その人の言葉は必ず行われるという信頼がなかったら、人は何をもって立とうか、と言っている。言行一致、言は必ず行われるというのが、人間の柱なのだ。

喜ぶことを学べ

何はさておき君にして欲しいのは、ルキリウス君、喜ぶことを学べ！　です。
（「手紙」23─3）

セネカの教えはときどき思いがけぬところから降ってくる。これもその一つで、喜ぶことを学べと言う。何のことかと思うと、ルキリウスが正しい心の状態とは何かと聞いたのに対し、それはつまらぬことを喜ばぬことだ、と言うのだ。これは基礎であってすでに頂上でもある。何を喜ぶべきかを知り、自分の幸福を他人の権能の上に置かない者は、もう頂上に達している。

つまらぬことを喜ぶなとは、現代で言えばテレビのくだらぬお笑い番組などの、下等な楽しみを言うのだろう。セネカはそれを、大衆を喜ばせるのは、浅薄なもの、ただの上っ面の満足であって、およそ外のものに由来する喜びにはしっかりした基礎がないと言う。

では本当の喜びはどこから来るかと言えば、君の内から湧いてくるもの、君自身の内部に育ったものだとセネカは言うのだ。それ以外の面白おかしいことは、表面だけで、心を満たすことがない。そう言ってセネカはさらにどきりとさせるようなことを言う。

信じてほしい、真の喜びとはまじめなものなのです。　（「手紙」23-4）

まじめなというのは、真に心の内から湧く喜びは、何にも奪われず妨げられず、貧困や死さえもそれを奪うことができぬほどのものだということだ。それに反し、肉体の喜びや、他から与えられた笑いなどは、死だとか貧困の影がさしたとたんに消えうせるほどはかない、根なし草の喜びにすぎない。それは鉱山にたとえれば、地表の浅いところにあるもので、真の喜びは地層深くに埋蔵されているとして、こう言う。

だから、ルキリウス君、それだけが人を幸福に為しうることだけを為せ。表面が輝いているもの、他人によって与えられたもの、自分の権能外で約束されたものは、たたき壊し、踏み潰せ。真の善を見つめ、君だけのものを喜べ。「君だけのもの」とは何かと聞くのですか？　それは君自身、君の最良の部分です。（「手紙」23－6）

かくて、セネカが前に言った「喜ぶことを学べ」とは、外側からくる喜び、偶然の与えるピカピカに目くらませられないで、己れが心の奥から湧いてくる喜びを楽しむことを学べということになる。それは誰にも奪われず、自分を原因として湧くものだけに枯れることもない。すなわち孔子の言う「楽しんで以て憂いを忘る」と同じところを指すようだ。

不幸の先取り

なぜと言って、不幸を先に呼びよせる必要がありますか。やって来たらすぐにも苦しまねばならぬものを先取りする必要が。未来に対する不安によって現在を台無しにする必要が。君がいつか不幸になるかもしれぬという理由で今から不幸になるのは、疑いもなくバカげたことです。

しかし僕は別の道をとって君を心の平安に導こうと思う。君があらゆる心配事を取り除けたいのなら、君がいま怖れていることはみな、いつかは起りうることだと思うのです。またその禍が何であれ、あらゆる側からよく観察して、君の恐怖を査定してみるのです。そうすれば君の恐怖の対象は、大したものでないか、長続きはしないものだということがわかるでしょう。

（「手紙」24－2）

一人より

まわりの人々をよく見てみたまえ。一人でいるよりも誰でもいい誰かと一緒にいる方がましだ、と言わない人は一人もいません。

（「手紙」25－7）

「小人閑居して不善を為す」という言葉が「大学」にあるが、セネカも人が悪事へとそそのかされるのは孤独の時だ、と考えていた。そして、誰か立派な人にいつも見られているかのように生きることは、それだけで大変立派なことだと言うのだ。

むろんこれは「賢人」に達した人でなく、ごくふつうの人の場合を言ったのだが、しかし悪事をするしないでなくとも、人はやはり人と共にいてこそ人である、ということだろう。

自分一人だけで、孤独で生きられる人間はいない。

老年讃歌

にもかかわらず僕は君の前で自分に向かってあえて「ありがとう」と言う。僕は肉体には衰えを感じているが、心には感じていない。年を取ったのは悪徳とその助力者たちだけでした。心は力に満ちていて、もうあまり肉体と関りがなくなったことを喜んでいる。その重荷の大部分を心はもう片付けてしまった。心はいま歓呼の声を上げ、僕とともに老年についての討論を始めているところです。これが、と心は言う、自分の花盛りだと。彼の言うことを信じましょう。そしてその幸福を享受しようではありませんか。

（「手紙」26－2）

セネカは老年についても方々で触れているが、このようにはっきりと老年を肯定し、さらに讃えているところはほかにはない。わたしも老年を受け入れ、肯定し、喜ぶ一人だから、セネカのこういう文章を読むとうれしくなる。

セネカはもう肉体とあまり関りがなくなったのを喜ぶと言っているが、事実、性欲、食欲、闘争欲、健康欲、美容欲など、肉体に対する関心度は、肉体の衰えとともに、消滅はしないが減じてゆき、欲望にとらわれることが少なくなったぶん心は自由になるのだ。そして、こうして次第に肉体が衰えてゆくにつれ、やがて消えるように死んでゆけたらいい、とセネカは言う。

自然の力が衰えてゆくことによって、おのずと終焉へとすべりこんでゆく以上に、よい終り方がありますか？

（「手紙」26－4）

わたしはこの願いにもまた賛成だ。

死のレッスン

以上のように僕は自分に話しかけたのですが、これは君に向かって話したと同じことだと思ってください。たしかに君は僕より若い。しかし、それがどうしたと言うんです？決定的なのは年の数じゃありません。どんなところで死が君を待ちうけているかわからない。だから君はどんなところででも彼に出会うと思っている方がいいのです。

（「手紙」26－7）

死のモチーフはセネカにとって重要な問題で、「ルキリウスへの手紙」百二十四通のうち半分以上に何らかの形で死への言及がある。

ストア派の哲学は、自然に従って起ることはすべて善である、死は自然に従って起る、ゆえに死は悪ではない、と考える。セネカもほぼ同じように死は自然法だと考えていたようで、「よく死ぬとは、喜んで死ぬという意味だ」と言っている。この「死と折り合う」という心構えは、避け得ないものに対する無力な諦めではなくて、仕上げという意味での人生の終りの肯定なのだ。そこから、こういう言葉が出る。

エピクロスは、「死に対して稽古をせよ！」と言いますが、この考えの意味はこんな形に言い換えてもいいでしょう、「死を学ぶとは、実にすばらしいことだ」と。

（「手紙」26－8）

「死に対して稽古をせよ！」と言う人は、自由に対する稽古をせよ、と命じているのだ。死ぬことを学んだ者は奴隷であることを忘れた者だ、彼はあらゆる権力の上に、少なくとも外にいる、とセネカは付け加えている。

彼のような死に対する態度の積極性は、現代日本人に一番欠けているものかもしれぬと、わたしはセネカを読んで思う。

旅行

君とまったく同じ不満を洩らした者に、ソクラテスはこう言ったものです。「外国旅行が何の役にも立たなかったと言って、なぜ君は驚くのかね？　どこへでも君は同じ自分を引きずっていっているのに。君を遠くに追い出した同じ原因が、今も君を悩ましているんですよ」。

（「手紙」28―2）

いま日本でも海外旅行が大流行だが、二千年前のローマでも同じだったらしく、ルキリウスのようにいくら外国を旅してまわっても悩み事はなくならないと歎く人はいたのだ。それに対してセネカは、新しい国々を旅してまわって、未知の都市や土地をいくら知ったところで、そんな魅力が何になろう。永遠に行ったり来たりしたって何にもならないのだ。そんな逃亡がなぜ君の役に立たなかったか、と君は訊ねるのかね？　それは、君は自分をつれて逃亡しているからですよ。心の重荷を棄てなきゃダメだ。そうしないかぎりどこへ行ったって、君の気に入るところなどないよ、と答えている。

モンテーニュも「エセー」の中でこの言葉を引いて（第一巻第三十九章）、ホラチウスの「なぜ別の太陽に照らされた土地に移ってゆくのか。国の外に出たからといって、誰が自分から脱け出られよう」

という詩を付け加え、こう言っている。

「まずはじめに、自分と自分の心を、のしかかっている重荷からほどいてやらない限り、心は動けば動くほど抑えつけられるだけである」

わたしも今の日本人、とくに中高年女性が、国内の名所ばかりか外国にも熱心に旅行してまわるのを見て、「何の為に？」と疑っていたが、このセネカの返事でソクラテスの言葉を知って納得がいった。自分自身に満足できない、自分に対する不満が人を外へ駆り立てるのだ。珍しい新しい国や地方や都市を見てまわれば気が紛れ、それがなくなるかと期待して。だがそれに対し、そんなことをしてもダメだ、君が君自身を一緒に連れ歩いているかぎりは事情は変らないと、両賢者は口をそろえて言っているのである。

これに対し、君がこの君の悪を退治してしまえば、どんな場所の変化でも楽しくなるでしょう。世界の涯（はて）に追放されようが、野蛮国のどんな片隅に追いやられようが、そこでの住処（すみか）は――それがどんなところであれ――良きところとなるでしょう。重要なのは君が何者かということであり、どこへ行ったかではなく、どういう者として生きて来たかなのです。だから我々はどんな場所にも自分の心を着けるべきではありません。どこでもこういう確信をもって生きねばなりません、「わたしはどこか一つの片隅のために生れたのではない。わたしの故郷はこの全世界だ！」と。

（「手紙」28―4）

これは実に希望を与える言葉だ。ここでも問題は外にあるのでなく、自分自身の裡(うち)にある、という原則が貫かれている。人は自分を見つめることがこわいから、ともすれば外に逃れたがるが、自分自身を変えないかぎり、どんな美しい、珍しい地方に逃れようが、何にもならないことを、セネカの教えはよく示している。

そしてこの「世界の涯に追放されようが」という言葉の背景には、四一年から八年間コルシカ島に追放されていたセネカ自身の体験が当然あっただろう。彼は哲学することで自分をつくり、そんな辺境にあっても自分を肯定していたのだから。

心

探し求めらるべきは、日が経っても悪くならぬもの、いかなる妨害もありえぬものです。それは何か？　心です。それも真直ぐで、善で、偉大な。それを君は、人間の肉体に宿った神という以外に何と名付けられますか？　この心は、ローマの騎士にも、解放市民にも、奴隷にも、舞いおりることが可能です。なぜと言って、「ローマの騎士」とか、「解放市民」とか、「奴隷」とか、一体これは何ですか？　支配欲と不正から生れた名称以外の何ものでもないではありませんか。どんな片隅からでも天上へ舞い上がることが可能なのです。

（「手紙」31－11）

わたしがセネカに惹かれる一番の理由は、何と言ってもその文章の力だ。セネカの文章はその人間の全体で働きかけてくるように感じられる。大きくて、暖かくて、力強い。こういう全人間的な文章の力は、近代・現代文学ではもうあまり現れなくなったものだ。

セネカがストア派の哲学に学んだとか何とか、そんなことはもうどうでもよくなる。この手紙に彼が書いたことは、哲学の教えでもイデオロギーでもなく、まさに彼がそのとき考えていること、日々新たに考えていることである（「我々は一人の王にだけ仕えているのではない」と彼も言っている）。どの考えもすべて彼の中から生れたばかりの新しい生命力と個性にあふれている。それは二千年経った今読んでも少しも古びていない。

どうして日本でこれほどの文章がなぜ紹介されなかったのか、なぜひろく読まれなかったのか、わたしには不思議でならない。学者の怠慢というしかない。が、今の日本——世の中にあまりいい事が起らず、暗い話ばかり多い——でなら、セネカのこういう力強い言葉が、日本人の一人一人に全人間的に働きかけるだろうと思う。

過剰と適度

偉大な精神の特徴は、多すぎるものを軽んじ、過剰より適度を好むことです。後者は有益で活力を与えますが、前者はまさにその過剰によって害を為すからです。

（「手紙」39−4）

自然の要求にはおのずからなる限度がある。喉が渇けば水を飲むが、一定の量以上に飲むことはない。だが人間の欲望には限りがなく、物でも金でも持つが上に持とうとし、自然の限度を飛びこえて果てしがない。

適度というのは自然に従うということだ。だが過度はそれを破って突き進んだものだから、それ自体が悪なのである。人間もあまりにも福に恵まれすぎると福が禍に転ずると、セネカは言う。

理性

讃（ほ）むべきは、奪われもせず与えられもせぬもの、人間に固有なしるしです。それは何だ、と君はたずねるのですか？　それは心であり、心の中で完成した理性です。すなわち人間は理性的存在なのです。だからそのためにこそ生れたものを充実させるとき、人間は最高の完成に達するのです。ではこの理性が人間に要求するものは何でしょう？　最も簡単なこと、自分の本性に従って生きよということです。

（「手紙」41─8）

ストア派哲学は、人間の理性は宇宙ロゴスの一部、その胚芽だと考えていた。その胚芽として神から与えられた可能性を自分の力で発達させることが、人間の義務なのだ。したがってそれを完成にまで高めたとき、人間は神にひとしき者になる、とセネカは言う。

もし君が、危険の中でも恐怖せず、欲に動かされず、災難の中でも幸福で、嵐の中でも落ち着いていて、神と同じくらいの高みから人間を見ている人を見たら、君は畏敬の念に打たれ、つぶやくのではないか。「神的な力がこの人に天下ったのだ」と。そういう人を賢者というのだとルキリウスに言って、よき人間は誰も神なしではありえない、とセネカは確言する。

この神についてもセネカは実に巧みな比喩（ひゆ）で語る。神とは太陽の光のようなもので、太陽の光は地に達し、地上のものを照らしても、その光源は光が送られてきた元のところにある。それと同じように偉大で神聖な心も、人間のところまで舞いおりてきて人間を聖化するが、その本体は相変らず元の源にある、と言うのだ。人間の内なる理性は、そういう神性の働きなのである。

これがセネカの思想の中心にある考え方なのだ。

邪悪な力

「しかし彼は、思いがけず手に入った巨大な権力を無制限に濫用する人間を憎んでいます」と君は言う。だが、その人でも、同じ立場に置かれたら、まったく同じことを仕出かすのです。大抵の人の悪徳は、無力でいるあいだは隠れています。が、彼らも自分の抱く権力が気に入りだしたとたん、すでに成功によって悪徳が明るみに出ている連中に少しも劣らぬことを仕出かすのです。今はその邪悪さを展開させる手段が欠けているだけです。

（「手紙」42―3）

こういう人間は、大統領から国会議員まで、社会のいたるところにいる。権力は魔物なのだ。だから邪悪の芽は、無力なうちに摘めとセネカは言う。毒蛇でも寒さに凍えている時は手で摑める、と。

大きさ

何であれ、その一帯で聳(そび)え立っているものは、その聳え立っているところでは大きい存在なのです。大きさには定まった尺度がありません。他との比較が高めたり、低めたりするだけです。

（「手紙」43―2）

セネカの文章の魅力は、こういう細部の観察の意外性と、その表現の面白さにあることの一例として、この文章を掲げた。

人間だって同じことだ。どんな小会社であれ、そこで聳え立っている人はそこでは大きな存在なのだ。ルキリウスは、自分は小物だという劣等感にとらわれているらしいので、セネカは右のようなことを書き、君は君のいる場所では大きい存在なのだ、自信を持て、と励ましたのである。

貴族

正しい精神の在り方は万人に開かれている。この観点からすれば我々はみな貴族なのです。哲学は誰をも拒まず、誰をも選り好みせず、万人を照らしだす。ソクラテスは貴族ではなかった。クレアンテスは水を汲んだり、庭に水を撒く賤しい仕事をしていた。プラトンを哲学は貴族として迎えたのでなく、哲学が彼を貴族にしたのです。

（「手紙」44-2・3）

これもルキリウスの劣等感を取り除くための言葉。ルキリウスはセネカと同じ騎士階級で、この階級は元老院議場に入ることを許されなかった。それをひがんだルキリウスに対し、精神の高貴さこそが人を貴族にする、と励ましたのだ。これは我々をも励ます。貴族などというものは、先祖に誰か功業を立てた人がいたというだけのことであって、今その家に生れた者の手柄によるのではない。人類は栄枯盛衰を重ねて今日まで来たのであって、いま奴隷だからといって先祖は王だったかも知れず、貴族だって先祖は平民だったかもしれない。そんな外にあるものに価値はない。

ただ心の徳だけが人を高貴にする。心はどんな生れからでも、運命をとび越えて成長することができる。人を幸福にするのは、身分でも地位でも富でもなく、その人自体の価値に基づく善だ。どうして君はそのことに自信を持たないのか。そうセネカは励ますのだ。

先送り

で、どうするか？　君はむしろ君の関心を別の方に向けるべきじゃないかな？　人は余計なものを探すのに時間を浪費し、生活の手段を求めているうちに人生をやり過してしまっていることを、我々全部に示すことに。一人一人を見、また全員一緒に観察してみたまえ。どんな人の人生もが見ているのは明日の方です。そこに何の悪いことがあるのか、と君はたずねるのかね？　おそろしくたくさんある。というのは、彼らは今を生きているのでなく、生きようと思っているだけで、すべてを先送りしているのだから。

（「手紙」45－12・13）

いま為すべきことを為さず、人生を先送りする。これは大抵の人がやっていることだ。

ヴァティアの別荘

自分以外の誰のためにも生きていない人は、だからといって自分のために生きているわけではない。

（「手紙」55－5）

セネカは大抵の手紙の初めに、近頃の自分の体験を書きつける。船に乗って旅に出たところ海が荒れひどく船酔いしたので、船頭に岸に近づけろと命じ、衣類を着たまま海にとびこんで岸まで泳ぎついた、などというようなことも書いている。

これも旅先でヴァティアという人の別荘を見たと言って、その感想を書く。この裕福な元執政官は、この別荘に引退して老いたため、ティベリウス帝治下の政治的危機をやり過し、他の者は多く処刑されたりしたのに彼一人は無事だった。彼だけが生き延びたので、当時の人々は「ヴァティアよ、お前だけが生きることを知っている！」と賞讃した。

だが、とセネカは言うのだ、彼は単に隠れることを知っていただけで、生きることを知っていたわけではない。ヴァティアのような人間は、自分のためにさえ生きているのではない、もっと悪く、胃と睡眠と快楽のために生きているにすぎない、とまでセネカは言っている。君の生活が閑暇のうちにあるか、無為怠惰のうちにあるかは、大変な違いだ。だから僕（セネカ）は、まだ彼が生存中もここを通りかかるたびに言ったものだ、「ヴァティア、ここに葬られてあり」と。

哲学は非常に尊いものなので、世間の人はその偽物に欺かれる。だから世間は引退した人を、閑暇の中で哲学に生き、心配もなく、自分自身に満足していると思いがちだが、これは賢者にしかできぬことだ。ヴァティアのように何もせず、誰のためにも尽さなかった人間は、生きていたとは言えないとして、ここに引用した言葉を言ったのだ。

閑暇と無為、哲学と怠惰、外見（そとみ）にはたしかに似ているが、全く似て非なるものなのだ。

老年と自殺

人が自分を、自分自身に喜びを覚えるに値する者に為したとき、自分とともに出来るだけ長くいることは楽しいことです。

（「手紙」58－32）

セネカにしてはいささか持ってまわった物言いだが、これにはむろんわけがあって、自分が喜ぶに値しない状態になったときは生きている価値はない、ということが後ろにある。人生の最後の部分は、酒瓶（さけがめ）の底に残った滓（かす）のようなものか、それとも最も明るく澄んだものか、とセネカは問い、精神に損傷がなく、感覚も損なわれずに心を支え、体力がなくなりもしないのなら後者である。だがもし肉体がその役目を果たせなくなったら、どうして、ただ苦しむだけの心をそこから引き出してやらないでいいものか、とセネカは言うのだ。

これは現代日本人にとっても切実な問題だ。七十歳、八十歳という長寿が珍しいことでなくなった今、その年齢にある者は誰しもが暗黙の裡に、人は何が何でもただ長生きすればいいのかの問題に対し決定を迫られている。寝たきりでも、ボケても、意識がなくなっても、それでもなお生きているに値するか。そうなってまで生存を続ける方が残酷ではないのか、そう問い返してセネカはルキリウスに言う。

そういやいや聞かないで、僕の言うことをしっかり考えてもらいたい。これはもう君にも関係することなのだ。もし老年が僕の全部を僕のために残しておいてくれるなら、ただしそれは良い方の全部だが、僕は老年を断念しない。しかしもし老年が僕の精神をゆさぶり始め、その各部分をダメにし始めたら、そして僕に生命をでなく呼吸を残すに過ぎなくなったら、僕はこの朽ちて倒れかかった建物からとび出してしまうだろう。

（「手紙」58－35）

すなわちセネカは、いつ自殺は許されるかという問題に、そうなったならばという答を出しているわけだ。おそらくこの考えは今の日本では一般に受け入れられないだろうけれども、しかしこの国にも、ボケたり寝たきりになってまで生きてはいたくないと考えている老人が多くいることも、また事実なのである。

五歳上のわたしの友人の作家、近藤啓太郎（こんどうけいたろう）は、胃ガンと診断されたが手術を拒み、自宅で死んだ。彼はかねがね寝たきり老人になってまで長生きしたくないと言っていたから、これはその宣言どおりの死に方であった。

セネカの哲学はつねにこういう現実の、さし迫った、具体的な問題に発して、生死の根本に至るものなのだ。

胃袋

ですから、サルスティウス*が言っているように、「胃袋に仕える」人々は、人間にでなく動物に、いやそのある者は動物にでさえなく死者に数えるべきでしょう。大勢の人の役に立つ人は生きています。自分自身を正しく生かす人は生きています。しかしじっと隠れ住んで精神的怠惰の中にいる人は、家にいても墓にいるのと変りません。そういう人は家の入口に自分の名を刻んだ大理石を置くがいいのです。生きながら死んでいるのですから。

（「手紙」60－4）

わたしはテレビで食い物番組に出て、カメラを前に平気で物を食ったり、しゃべったりしている人たちを見ると、この「胃袋に仕える」人々という言葉を思わずにいられない。

そういうセネカ自身はむろん口腹の喜びのために美食するようなことを嫌い、若い時分のあるとき、殺された動物の肉は食わないというセクスティウスという人の模範に従って、一年間楽しくそれを断った、とモンテーニュが「エセー」に書いている。

また彼自身、「ルキリウスへの手紙」の108に、自分は一生涯キノコと牡蠣（かき）を食わないことにしているが、それはこれらが食い物というより、腹一杯食った人にさらに食わせるための美食だからだ、と書いている。快楽に奉仕しないという同じ理由から一生涯香料を用いないが、これは一番いいのは何も用いない自然な体臭だと思うからだ。同じ理由から自分たちはワインをやめ、浴場にゆくのもやめている、とも書いている。

またこれは、やはりモンテーニュが「エセー」で紹介していることだが、セネカは、からだがすっぽりと埋まるふかふかのふとんに寝るのもよくないとして、からだが沈まない固いベッドに寝、固い枕を好んだ、という。

これなぞ、わたし自身が西式健康法の信奉者で、板の上に寝ているし、固い木枕を使っているので、こういうことを知るとセネカがさらに親しく感ぜられるような気がする。

＊ ローマの歴史家・政治家（前八六—前三四年頃）。カエサルの恩顧をうけ、その死後は政界を退いて「カティリナ戦記」を書いた。

よき死

老年に入る前、僕はよく生きることを心掛けていました。老年になってからはそうでなく、よく死ぬことを心掛けています。よく死ぬとは、平然と死ぬということです。

（「手紙」61－2）

セネカにとって死は思索の重要な課題の一つだったが、それは、よく死ぬことがよく生きることにつながっているからだ。この手紙の初めに彼は、自分は一日が全人生であるかのように生きている、と言っている。自分から死を掴むのではないが、いつも今日の一日が最後の一日かもしれぬと思って生きているというのだ。

老年に達したわたしなども、その気持は同じだ。恐れず平然と死ぬことができたら、それがよく生きたことの証なのである。

早朝、わたしが二匹の犬をつれてできる限りの速さで歩いていると、一人で、あるいは夫婦で、同じように速歩で歩いている老人たちに出会う。みな、寝たきりなどにならないで、よく死にたい人たちだろう、とわたしは思い、わたしはその人たちにひそかに連帯の挨拶を送る。だれもがよき死をこそ願っているのだ。

友の死

亡くなった人たちの思い出が快いものになるように、我々は努めようではないか。

（「手紙」63–4）

ルキリウスが親しい友人フラックスを失って、嘆き悲しんでいるのを慰め、力づけている手紙である。ここでもセネカは、「マルキアへの慰め」と同じく、あまりに深く、長く悲嘆に沈んでいるのはよくないとして、右のような言葉を与えた。

セネカ自身も最愛の友セレヌスを失ったとき、あまりにもはげしく泣き悲しんだ。が、今はそれをみずから咎めると言っている。そして今は、「セレヌスは僕より若い、だが、それがどうした？　彼は僕より後に死ぬべきだが、僕より前に死ぬこともありうるのだ」と考えるべきであったと思う、と言っている。

千年後でも

ですから僕は叡知の発見とその発見者を尊敬します。これら多くの人の遺産の中に歩み入るのは大きな喜びです。これらはみな僕のために獲得されたもの、僕のために創り出されたものです。しかも我々は善き家父長のようにふるまわねばなりません。受けついだものを増やさねばなりません。遺産を増やして子供に伝えようではありませんか！　そのために為すべき仕事はたくさんあり、それは今後とも残るでしょう。千年後に生れた者にさえ、なおそれになにかを付け加える可能性はなくなっていないでしょう。

（「手紙」64－7）

今は千年後どころか、セネカ去って二千年後である。それでもなおこの言葉は、いま言われたばかりのように我々を励まし、感激させる。古典に対する後世の人間の為すべきこと、

とるべき態度を、セネカはきちんと示しておいてくれた。

尊敬がまず第一だ。だが、それを伝えるにおいては、後の時代の者にはまだ為すべき仕事がある。古典を活かして、自分の生きる時代の光の中に甦らせ、古典の新しいいのちを発見すること。それによって古典に新しい意味を付加すること。それこそが後世の者が先人のしたことに捧げうる最大の感謝のしるしだ。

我々の前に生きた人々は、実に多くのことをやりとげました。しかし、彼らはそれを完成させたわけではありません。（「手紙」64－9）

し残したというわけではない。後世の者には何も付け加えることができぬほど、完璧なまでに仕上げたのではない。その仕事にはまだまだ生成発展する可能性が残っている、と言うのだ。後世の者に希望を与える言葉だ。

やたらに居所を変えるな

君がやたらに居所を変えて、あるところから別のところへと移るのを、僕は望まない。第一に、そういう頻繁な場所の移動は心が落ち着いていないしるしだからです。きょろき

ょろあたりを見まわしたり、動きまわったりするのを止めないかぎり、閑暇によって力を得ることはできない。君の心を落ち着けるためには、まず君のからだの落着きのなさを停止させることです。

（「手紙」69－1）

同じ注意は前にもあったが（「手紙」28－2）、ここではルキリウスにじかに忠告しているのだ。よほどに目立つものがあったのか。いずれにしろこれは二千年後の我々にも耳の痛い忠告だ。しかし周りを見れば、こういう人は今もどこにでもいる。

ポンペイ

長い間をおいて僕はまた君のポンペイを見て来ましたよ。僕の青年時代を思い出した。僕が昔そこで若者としてしたことのすべてを、今も為すことが出来るような気がしたし、ついこないだまでしていたような気もした。我々はみな、ルキリウス君、船に乗って人生を通り過ぎてゆくのです。

（「手紙」70－1）

セネカは大抵の手紙をつい最近の自分の体験を報告することで始めている、と前に記したが、これはそういう書き出しの中でも最も美しいものの一つだ。四十年も昔の自分を思い出

し、それがありありと今のことのように浮び、時の流れの速やかなことにいまさらのように驚く。その思いがただちに、人生を去るべき時についての思索へと流れてゆく。わたしがセネカに一個の文人を感ずるのは、こういう文章に接する時だ。セネカはわたしにとって哲学者とか哲人という前に、何よりも一個のすぐれた文学者である。

この言葉は「論語」にある孔子の川上（せんじょう）の歎に通いあうものがある。

「子、川の上（ほとり）に在りて曰く、逝く者は斯（か）くの如きか、昼夜を舎（お）かず」

ともに、老年のあるとき立ち止まって、生涯の全部を一望のもとに眺めたときの感慨である。

しかもセネカにしては珍しく懐古的、感傷的なこの文章の調子は、これが紀元六三―六四年の時のこととして、これから十数年後の七九年二月にそのポンペイが、火山の大爆発によって火山灰に埋ってしまったことを思い合わせると、セネカが何かを予感していたような気さえする。

なぜなら我々は、君も知っての通り、いつまでもこの人生にしがみついていることは許されません。生きるということはそれ自体が善ではなく、よく生きることだけが善なのですから。

（「手紙」70―4）

人生の時は速やかに過ぎ去るの感慨が、すべての人間が迎えねばならぬ時への思いを誘い、さらにそれがいかにして去るべきか、いかなる去り方が善かの思索をつむぎだす。セネカの思索はつねにこんなふうに現実と密に結ばれているのだ。
そしてセネカはここでも善き死と悪しき死とを区別する。

早くに死ぬか遅く死ぬかには、何の意味もありません。大事なのは、善く死ぬか悪く死ぬかということだけです。そして善く死ぬとは、悪く生きることの危険を逃れることです。
（「手紙」70－6）

すなわち悪き生を逃れるために死を選ぶ、自殺することを、セネカはここでも容認するのだ。自殺を禁ずることは、みずから自由への道を閉ざすにひとしい、とセネカは言う。

進歩

つまり彼らはそもそも、自分には出来ないことでも起ることがこの世にはあるのだ、というふうには考えないのです。自分自身の至らなさにもとづいて、物事を判断するからです。
（「手紙」71－22）

こういう人はどこにでもいる。目に見えない心の徳は、形に現れた物しか信じない者には絶対に見えない。買える物の価値しか知らない者には、金で買えない物の価値はわからない。自分には見えず、理解できないことでも、それを為しうる人がこの世にはいるということが、彼らには絶対にわからない。自分を基準に物事を判断するからだ。

大きなものについて判断するのは大きな心をもってせねばなりません。さもないと、実は我々の欠陥であるものが、そのものの欠陥であるかのように見えてしまいます。

（「手紙」71―24）

西郷隆盛は、大きく撞く者には大きく鳴り、小さく撞く者には小さくしか鳴らない鐘のような人物だったと、勝海舟が証言している。人は自分の大きさだけしか人の大きさは量れないのだ。

進歩の大きな部分は、進歩しようと欲することにあります。

（「手紙」71―36）

わたしはこの文章を読んだとき、ただちに「論語」にある孔子のこんな言葉を思いだした。

子曰く、仁遠からんや。我、仁を欲すれば、斯に仁至る。（「論語」述而二十九）

仁が遠くて学び難いなぞと何で思うのか。わたしが仁を欲すれば、仁はただちにそこに実現する。欲することが実現させることなのである。進歩しよう、向上しようと欲すれば、すでにしてそのことが成ったと同じなのだ。発心・修行がすでに菩提成就なのである。

心の病

心の病とは、たとえば貪欲とか野心のように、心に住みついて硬化した欠陥です。それが心を包みこんでしまい、慢性的な病になり始めているのです。簡単に言うなら、それは悪しきものにはげしく執着する煩悩であって、ほんの軽い気持で願うべきこと、あるいは絶対に手に入れられないものを、何が何でも手に入れようとするとか、小さな価値、いやぜんぜん価値のないものに途方もない価値を置いたりするのです。

（「手紙」75－11）

人の心というものは、あるものを得たいとなると心がすっかりそれで一杯になって、冷静にその価値を判断することも、それの善悪を考えることもできなくなる。しまいには悪事を犯してでも、人を殺してでも、手に入れなければ気がすまなくなる。こういう病は誰の心の中にも住んでいるのだ。

セネカは先人の創りあげた学問で、後世の者が改善しうるものの例に医学を挙げている。彼の予想どおり医学は二千年間に一大進歩を遂げ、昔は不治の病とされたものの多くが今は治療可能となった。心の病についても、観察と研究が進み、それぞれに命名され、症例と治療法ができている。が、そのことは人間が新たに心の病にかかることを止めるには至らなかった。それどころか、文明の発達とともに次々と新しい心の病の生れつつあるのが現状だ。いったい医学の進歩は、人間にとって何であったか、の思いを禁じ得ないのである。

台座ごと

君が見るあの深紅色の宮廷服[*1]をまとった廷臣たちの誰ひとりとして、幸福な者はいません。舞台での役柄から、王笏（おうしゃく）[*2]と王のマントを持たされている俳優たちと同じことです。観客の面前でこそ彼らは高靴を履いて闊歩していますが、舞台から引っこむやいなや高靴を脱ぎ、自分の本来の姿に戻ります。富や名誉職のおかげで高い頂上に坐っているような連中の誰一人として、真に偉大な者はいません。なのになぜ彼が大きく見えたのか？　それは君が彼をその台座ごと計ったからです。

（「手紙」76－31）

富とか高い官職のために高位に上った者は、つまらない人間でもなぜ大きく見えるか。それは富とか地位とかそんな台座ごと計ったからで、それを取り去ればただの小さい人間にすぎない、と言うのだ。モンテーニュは「エセー」の中でこの句を引いて、人の背丈を計るにはその竹馬を取り除かねばならない、と言っている（第一巻第四十二章）。

実際まわりを見ても、政治家だの財界人だの、台座に乗っているときはひどく大きく見えたのが、ひとたび失脚してただの人になると、なんだこんなつまらない小人物だったのか、と思うことがよくある。

＊1　ローマの宮廷では、廷臣たちは深紅色の服を着ていた。
＊2　高靴。悲劇の上演では、俳優たちはほとんど竹馬といっていいような踵の高い靴を履いた。

老いてなお

人は生きているかぎり、いかに生くべきかを学びつづけなければなりません。

この手紙の初めでセネカは、自分はいま哲学者のメトロナックスの教室に通い出してもう五回になる、とルキリウスに書いている。ナポリには大劇場があって、その側を通らねば学校に行けないが、そっちの方は人で一杯で沸き立っているのに、哲学の教室はさびれたままだと言って、右の言葉を書く。

（「手紙」76－3）

わたしは、侘（わび）しい教室に通う老セネカを想像すると、なんとも好ましい気持になる。孔子の「楽しんで以て憂（うれい）を忘れ、老（おい）の将（まさ）に至らんとするを知らず」（「論語」述而十八）という言葉に通う気分がそこにある。

人にあっては品性

どの生きものにあっても、自然によってそのために作られ、それによって評価される能力は、最高に発展されねばならない。人間にとってはそれは何だ、と言うのですか？　それは理性です。これあるがために人間はあらゆる動物に優れ、神々に近いものになるのです。

（「手紙」76－8）

すべての生きものはそれ自身の善を内に抱いて生れてくる。ぶどうの木なら実り具合とワインの味、鹿なら走る速さ、運搬用の馬なら重荷を運ぶ力、犬なら獣を追う能力、それぞれ自然によってそのために作られた善がある。その能力を最も完成させたものがその属の本性の頂点に達する。人間にあってはそれが理性だ、とセネカは言うのだ。セネカのこの理性という語は、後世のように頭で考える力というより、心の品性といったものを意味する。その品性を完成したとき人間は賞讃に値するものになり、その頂点に達する。それを徳と呼ぶとセネカは言うのである。人間を高めるのは徳であり、地位や名声や財産ではないのだ。

千年前・千年後

千年前に生きていなかったと泣く者があったら、これほどの馬鹿はいないでしょう。同じく千年後には生きていないと泣く者がいたら、これまた大馬鹿者です。この二つは同じです。君は千年前にも千年後にも存在していない。この二つの時間は我々に関係ないのです。

（「手紙」77―11）

モンテーニュは実に多くの点でセネカに学んだ文人で、彼の考えの中には自分のものと見極めがつかぬくらいセネカが入っている。「エセー」にこんなのがある。

われわれの誕生がわれわれにすべての事物の誕生をもたらしたと同じように、われわれの死はすべての事物の死をもたらすであろう。したがって、これから百年後に生きていないことを嘆くことは、今から百年前に生きていなかったことを嘆くのと同じくばかげている。

（『エセー』第一巻第二十章）

セネカを自殺から救ったもの

君がしばしば鼻風邪と発熱に苦しめられ、それが長びいて慢性鼻カタルになっていると聞いて、僕は大変心配だ。僕もかつてこの種の病気を経験したことがあるからなおさらです。その初期のうち僕はほとんどそれを気にもしていなかった――それまでは若さが苦しみに堪えさせ、病気に対して反抗的にふるまうことができたから――が、あとになると病に屈服して、自分が全部鼻水の中に溶けてしまい、ためにおそろしく痩せてしまった。

何度か自分の命を断とうと準備したほどだった。だが、僕のことを心配している高齢の父を考えて、僕は思いとどまったのです。つまり、僕が最も真剣に考えたのは、自分に死ぬ勇気があるかないかではなくて、父が息子の死の悲しみに堪えられるかどうかということだった。その結果、僕は自分に生に留まることを命じました。時として、単に生に留まることが、勇気ある行為を意味するのです。
当時僕の慰めであったことを君に伝えましょう。が、何より先にまず、当時それによって僕が心の落着きを得た思考こそ、何よりの治療薬であったと言っておきます。道徳的によい慰めが治療薬になるのです。心をふるい立たせるものはすべて、またからだにも効くのです。

（「手紙」78－1〜3）

長々と引用したのは、セネカの自伝的告白でもあるこの文章から、なんとも言えぬ真率な、しみじみとした、深いところで人の悩みを癒す力が伝わってくるように感じられるからだ。昔は日本でも親の存在が子供を奮起させる最大の動機であった。
死ぬことを断念した人間にとって、生きる勇気を強く持たないことは、最大の悪である、ともセネカは言っている。

神は君自身の内に

君を道徳的に善になしうるものは、すべて君の内にある。

（「手紙」80－3）

神だの仏だのと言うと、人はそれを外に求める。そういう存在が自分の外に形としてあって、それをあがめるのだと思いがちだ。が、神も仏も君の外に対象としてあるのではない、すべてすでに君自身の内に備わっている、それを養いさえすればいいのだ、というのがセネカのこの言葉である。

十七世紀ドイツの宗教詩人アンゲルス・ジレージウスの詩にもこうある。

立ち止まりなさい、あなたはどこに向かって走ってゆくのか。天国はあなたの中にある。他の場所に神を求めれば、あなたは永遠に神を見失ってしまう。

（『シレジウス瞑想詩集』一―82）

神は跪拝の対象として君の外におわすわけではない。汝が欲するものはすべてすでに汝の内にあるというこの考え方は、どんな哲学、宗教にも共通する。神は外にでなく、すでに汝の中にいる、というのだ。

このことでわたしは、唐代のすぐれた禅僧馬祖道一と、彼の許に入門にやってきた修行僧大珠慧海のあいだに交された問答を思いだす。

馬祖が、おまえは何のためにここへ来たのかと問い、慧海が仏道を学びに来ましたと答えると、馬祖は言った、「わしのところに仏道などとそんなものはない。自家に宝蔵があるのに、家を棄ててよそをうろついて何になる」。

そこで慧海が、では慧海の宝蔵はどこにありますか、と問うと、馬祖は一喝して言った、「今わしに向かって問うている者、これぞ汝の宝蔵ではないか。一切具足して、さらに欠少なし、使用自在である。それがあるのによそに向かって求めて何になる」。

この一言で慧海は大悟したというのだが、セネカもジレージウスも馬祖も、みな同じところをさして言っているのだ。

善き行為の報酬

正しい行為の報酬は、それを行ったということの中にある。

（「手紙」81－19）

人に認められようがためとか、何らかのためにするのは本当の正しい行為ではない。それを行ったよろこびの中にすでに全き報酬のあるのが、正しい行為だというのだ。モンテーニュは「エセー」の中でこの言葉を引いて（第二巻第十六章）、「奉仕の果実は奉仕そのものである」という句と並べている。

他人のために役立つことをした人は、自分自身のために役立つことをしたのです。

（「手紙」81–19）

木を植える

そこでは一人として他人のためにオリーヴの木を植えつけぬ者はないと言います。我々老人が学ばねばならぬのはこのことです。（「手紙」86–14）

後世のために木を植えるというのは、人間が持った最も美しい志の一つだが、この思想は古代ローマにすでにあったのである。植えられたオリーヴの若木は三年か四年は実を結ばないが、やがて実をつけるようになれば、その木は、ルキリウスよ、君のためにも影をつくるのだ、ヴェルギリウスが、

「ゆっくりと成長し、やがて子孫のために影を与える」

と歌ったように、とセネカは言う。

ヴェルギリウスにはもっと直截に、

「ダプニスよ、梨の木を接ぎ木せよ、その実は子孫が摘みとるだろう」

という詩句もある。

日本でもこれと同じ、子孫のために山に植林した話や、実のなる木を植えておいた話は、

いくらでも伝えられている。これが人間のすべきことだったのだ。徳とはつまりそのような心根のことを言うのであろう。「徒然草」にも「道を知る者は、植うる事を努む」とある。知者は、木、野菜、薬草、なんでも植えることに努めるというのだ。

ところが現代日本はその正反対で、高速道路作りや、区画整理、街作り、家作りのために、土木機械がこともなげに老木でも何でも伐り倒し、植えることに努めない。これでは心が荒むのも当り前だ。

木々の苗を植えることは、それ自体が大変に楽しいもの、幸福をもたらすものだと、老年になっての農作業を好んだキケロが言っている。

> 葡萄の発芽、植えつけ、成長については何を言おうか。わが老年の安らぎと怡楽をお前たちに知ってもらうために言うが、葡萄作りの楽しみには飽きるということがない。大地から生み出されるものが全て持っている自然な力——無花果のあんなに小さな種から、または葡萄の核から、あるいはその他の果物や植物の芥子粒のような種から、あんなに大きな幹や枝を生み出すことになるあの力は、言わずにおくとしてもだ。撞木挿し、吸枝、挿し木、根分け、取り木、これらはどんな人でも驚嘆させ、かつ喜ばせるのではなかろうか。
>
> （「老年について」〔『キケロー選集』9、岩波書店〕）

当然ながらセネカもこういう文章は読み、このことを知っていたはずだ。

セネカの質素で幸福な短い旅

ここに取上げるのは、別にどうということもない、セネカが短い質素な旅をした報告なのだが、わたしはなぜかこの文章に惹かれてならないので、長いのをそのまま掲げる。

一台の馬車に乗りきれるくらいのごく僅かの奴隷を連れ、自分たちが持ってゆける物のほか荷物も持たず、僕と友人のマクシムスはすでに二日、非常に幸福な旅をした。馬車の床に藁ぶとんを置き、僕はその上に寝る。旅外套の一枚は下敷き、一枚は上掛けです。朝食はごく簡単で準備に一時間以上かからず、乾イチジク[*1]のない時はなく、また書き板のない時もない。[*2]乾イチジクは、パンがある時は肉になり、ない時はパンになる。それが僕に毎日を新年の初めの日にしてくれ、僕はそれを新年にふさわしいよき考えと心の大きさによって、祝福された幸福なものにします。そしてその心の大きさは、何ものも怖れないことによって偶然の所与を放逐し心の平安を作りだすとき、何ものをも欲しないで自然に富を作りだしたときに、最大に達します。

僕が乗っているのは単純な百姓車で、騾馬（らば）がまだ生きていることは、のろのろ動くことでわかるといった代物です。馬子は夏でもないのに裸足です。この馬車が僕の所有物と見られることに、僕はまだ忸怩たるものがあります。こんなふうに正しいことを恥じる間違った気分が、まだ僕には残っていて、上品な旅の一行に出会うたびに心ならずも赤面してしまうのです。これは僕が是認し賞讃する思想が、まだ僕の心の中に不動の座を占めていないことの証拠です。馬車の貧弱さに赤面する者は、豪華な車に乗れば得意満々になるでしょう。

これまでのところ僕はまだ十分に進歩していなかった。僕はまだ質素さを天下に公表する勇気がありません。僕はいまでもなお道ゆく旅人たちの目を気にしている有様です。

（「手紙」87−2〜5）

これを読むとセネカという人が急に身近に、懐かしい人のように感じられる。セネカはローマでも有数の大財産家だったが、その実生活はこのように簡素だったのだ。これを見ると、ここに我々と少しも変らぬ一個の人間がいるという気になる。ローマ人は概して簡単な朝食をとった（朝食は、パン、乾ぶどう、オリーヴ、チーズ。昼は、前日の残り物）というが、セネカのはふだんでもかくの如く簡単きわまるものだった。

それから乾いたパンを取り、朝食は食卓につかずにすますから、あとで手を洗う必要もありません。食後ほんの少し眠る。君は僕の習慣を知っているが、僕はほんの僅かの睡眠をとれば、それでもう休息がとれる。目覚めていることを中止しさえすれば、僕にはそれで十分なのです。だから、本当にたしかに眠ったのか、それとも眠った気がしただけなのか、わからぬこともしばしばです。

（「手紙」83－6）

＊1　乾イチジクは、ナツメの実や蜂蜜とともに、最も好まれた新年の贈り物だった。
＊2　セネカは旅行中でもいつもの精神活動を変えず、考えを書き板に書き、朗読し、それはこの簡単な食事のあいだも中止されなかったのだ。

誠実

誠実は人間の心の最も破りがたい善です。いかなる強制状態も裏切りを強いることはできないし、いかなる恩賞も誠実な心を買収することができません。

（「手紙」88－29）

「論語」を見ると、古代中国人はこの誠実（これを忠信と言った）の徳を何より尊んだことがわかる。荻生徂徠（おぎゅうそらい）は「忠信は乃ち（すなわ）「人の為を謀り（はか）て忠なる」と「朋友と言ひて信ある」の謂（い）ひなり」と言っている。人に対して絶対に裏切らず、言葉に嘘がなく、信じて、誠を尽すのが忠信なのだ。孔子は忠信がなければ人は何によって立とうか、とまで言っている。

日々是好日

では徳（倫理的完成）の主なしるしは何ですか？　それは、未来をあてにしないこと、自分の生きている日々を数えないことです。というのは、徳は任意の短い時間の中で永遠の価値を実現するからです。

（「手紙」92—25）

ここで言われていることは、幸福な人生とは生きた時間の長さには関りない、というつもの主張だ。幸福に生きるために必要なのは、ただ正しく生きることだけだ。正しく生きること、それがすなわち徳に生きるということで、徳はそれ自体が大きな喜びだから、短命とか、肉体の苦痛とか、いろいろな障害とか、そんなものによって妨げられない。

エピクロスが、「今日わたしは人生の最も幸福な最後の日を送っている」と言ったとき、彼は持病の排尿障害に苦しめられたり、不治の胃潰瘍の苦痛のもとにあるときだった、とセネカは記している。そんなことはとても信じられないように思われるかもしれないが、いかにそれが人間の限界を超えているようであろうと、徳の力とはそういうところにまで達するのだ、と。

つまりそれは時間の長さとは、いや、およそ時間そのものとまったく関係がないのだ。徳とは「今ココニ」おいて行われ、実現するもので、それはその行為自体によって完了し、自己の充実と幸福という報酬を得ている。だから暦やカレンダーのように外にある時間、人為的に計算された時間とはまるで絶縁したところにある。それを鈴木大拙は absolute present と呼び、それがただちに永遠に接している、と言ったが、二千年前のセネカが言うのもそのところである。セネカが徳とは未来をあてにしない、生きた日々を数えないことが徳のしるしだと何度も言うのは、そういう意味だとわたしは解している。

肉体的苦痛でさえもその幸福を乱すことができないそういう境地を、唐代のある禅僧は「日々是好日」（日々、是れ好日）と言った。

神

徳と元気が体内に宿る人は、神に似ており、その人は始源を記憶していて、そこに至ろうと努めているのです。自分がそこから降りて来た元のところへ戻ろうと努めるのは、不遜な行為ではありません。神の一部である者の中に神的なものが存在して、何の不思議がありましょう。

我々がその中に含まれているこの全有は、唯一者にして同時に神であり、我々はその乗物にして手足なのです。だから我々の心は、悪徳に引きずり下ろされさえしなければ、そこへ上ってゆく能力が与えられているのです。我々のからだは直立していて、天を見つめているように、どんな遠くへでも意のままに達しうるよう作られている我々の心も、自然によって神に似たものになるべく作られているのです。そしてもし心がその力を存分に使って彼のために空けられている領域を充たすならば、彼は自分だけの道を通って最高の目標に達しうるのです。

（「手紙」92－30）

神と人間との関係をこのようにすっきりと描いてみせた文章を、わたしはいままで読んだことがなかった。美しい文章であり、セネカの人生哲学を支える形而上的な柱がここにあると思った。神とは人間がそう名付けた存在で、自然でもあり、万有、永遠、まったきいのち、全宇宙でもある。仏教ではそれを仏と呼ぶ。仏もまた対象として存在するものでなく、永遠なる宇宙のいのちをそう呼ぶのだ。

現代人はこういう超越的な存在を思い浮べることが出来にくくなり、神と言ってもピンと来ないが、こういう文章を手掛りとして、永遠なるいのちと自分の存在の関係を思い浮べてみるのは、決してムダなことにならないだろう。

人生は充実が問題

いずれは去らねばならぬところを早く去ろうが遅く去ろうが、それがどうしたというのです？　長く生きることではなくて、我々が配慮しなければならぬのは、満足して生きることとです。なぜなら、長く生きるかどうかを定めるのは運命ですが、満足して生きることは当人の心掛け次第だからです。充実して生きたのなら、その人生は十分に長い。しかし充実して生きたと言えるのは、心がその善き素質を十分に育てあげ、完全に自分自身を支配しきったときです。

八十歳生きたところで、もし怠惰に過しただけなら、何になるでしょう？　そんな人は生きたのではなく、人生に在ったにすぎません。遅く死んだのでなく、長く死んでいたのです。「あの方は八十年生きた」と言う。問題はいつから彼の死を数え始めるかです。

（「手紙」93─2・3）

寿命

小さい体型の人こそ人間として完全でありうるように、期間の短いほど人生は完全でありうる。寿命というのはつまらぬ外的な事柄だ。僕の人生の長さは、僕には決められない。いのちあるあいだ本当に生きることだけが、僕のやるべきことです。

（「手紙」93─7）

この、長く生きるばかりが能ではないという考えは、セネカにとって、それぞれの人の人生を判断する上での重要な尺度だった。一つの人生の価値を定めるのは、生きた長さでなく、いかによく生きたかどうかの質の問題なのだ。当然のことではあるけれども。

今の日本はその反対に、平均寿命が延びたなどと言って喜び、長生きをそれだけで価値あるもののように見做す風が支配的だが、つまらぬ考え、俗見である。人は人生の価値についてみずからよくよく考えるべきである。

他人を不幸にして

ここに名を挙げられたような連中は、自分たちが全世界を震撼(しんかん)させていたあいだ、ちょうど竜巻が奪いとった物を旋回させながら、実は自分自身が輪のまん中ではげしく回転させられ、もはや自分で自分を制御できなくなっているためいっそう大きな災害をひき起すように、誰よりも彼ら自身がその暴力の中で猛烈に揺さぶられているのです。それゆえに、無数の人間に災害をもたらしたあとで彼らは、自分たちが多くの人に害をもたらしたその暴力を、今度は自分自身が受けることになる。

他人を不幸にしておいて自分だけは幸福になる、そんなことのあろうはずはないのです。

(「手紙」94－67)

これは一人の人間についても、一つの国家の行為についても言えることだ。アメリカ軍はアフガンやイラクに侵攻して、途方もない量の爆弾を落し、大勢の人間の命を奪い、大勢の人を不幸に陥れた。こんなことをしておいてアメリカ人だけが幸福になるなどということは、絶対にありうべくもないのだ。ブッシュにも、ラムズフェルドにも、アメリカにも、やがて天罰が下らずにいまい。

善も悪も心次第

決して、自分の幸運に依存しているような人間を、幸福だなどと思ってはならない。外から来た物事を喜んでいる人は、壊れやすい基礎に家を建てているようなものです。外からやって来た喜びは、来た時と同じくすぐに去ってしまう。これに反して、自分の内から湧いてきた喜びは、信頼でき、確かです。それは成長し、人生の終りまで我々に同行する。

（「手紙」98–1）

自分の権能の外にあるものをあてにするな、そんなものに一喜一憂していたら君は真の幸福を手に入れられない、自分の権能のもとにあるものだけを信ぜよ、それは君の心、精神だ、それが作りだす喜びこそ真の喜びだ、というのはストア派の基本の考え方だ。ここではセネカはその正当な主張を確認しているのである。この少し先ではさらにくわしくこう語る。

運命が我々に善いものと悪いものを分ち与えるのだ、と考えるような人は、ルキリウス君、間違っているのだ。与えられたのは、善いもの悪いものの材料だけです。我々の責任において悪にも善にも転じてゆく物の、前提があるだけだ。だが、あらゆる運命のはからいより強いのは、人間の精神です。精神が物事を善悪いずれの方向へも導くのであって、精神こそ幸福な人生の、あるいは惨めな人生の原因なのです。

（「手紙」98－2）

こういう言葉は、ただそれに触れるだけでも我々に元気を与え、生きる気持にしてくれる。セネカは読者を生へと励ますことの名人だ。

一日と一世紀

どうしたら我々はこの不安（あと人生の残りの時間がどれだけあるかという不安）から逃れることができるか？　それはただ一つ、人生を未来に目標を置いて運んでゆくのではなく、ただいま自分自身に集中させることによってだ。未来に依存する者には、現在は無意味になってしまうからです。

しかし、僕が自分自身に課したことが為し遂げられ、心が一日と一世紀のあいだに何の違いもないことを確かに知るとき、たとえ将来何が起ろうとも心はそれを超越した高みから眺め、非常な上機嫌で時のつながりを考えることができるようになる。君がそのように強い自信をもって予測すべからざるものに対するなら、偶然事の転変なぞによって不安になるわけがありますか？　だから、わがルキリウス君、急いで今の君の人生を生きるがいい、そしてどの一日もが自分の全人生であると思いなさい。このような心構えで生きる者、毎日を全部自分の全人生として使いこなす者は、あらゆる不安から自由です。

（「手紙」101―9・10）

これまたいかにも読んだだけで人に生きる勇気を与える言葉だ。即今（そっこん）、つまり「今ココ」という時だけが君の人生のすべてであるというのは、方々でセネカが何度も言っていることだが、彼の思想は教条的でなく、日々をたえず新たに生きる中で、生き方を確かめるところから発せられるので、そのつど新しく、どの言葉もがいきいきしている。思想とはスローガンでもモットーでもない。日々をみちびくいのちある生き物だということを、セネカくらいその文章によって確かに示してくれる人はいない。この文章の力がセネカの思想の力である。これあればこそセネカは二千年も読みつがれて来たのだし、今読んでも新鮮なのだ。

話し方・書き方

　その人の生き方のように人はしゃべる。人の話し方を聞けば、生き方がわかる。

（「手紙」114—1）

　この短い言葉の正しさは、誰もが身をもって体験しているだろう。言葉を短く区切って、語の終りを尻上りに高く発音するしゃべり方が、近頃この国ではやっている。実にいやな話し方で、おそらく元凶はこれもテレビだろうが、そういうしゃべり方をごくふつうの人がしているのにわたしはあきれる。が、考えてみればそういう話し方をする人は、そんなふうに、つまり流行に敏感に、流行に遅れまいとしてふだん生きている人なのだ。右へならえの生き方しかできない人なのである。

　亡くなった文芸評論家の本多秋五（ほんだしゅうご）さんは、生涯ゆっくり慌てず訥々（とつとつ）と話す人だった。その話し方を聞くと、そのたびにわたしは、変りやすい世の中にここだけに絶対に変らぬ確かな人がいる、と感じたものだった。

問題は、君が何を書くかであって、どう書くかではない。それも書くためにでなく、考えるために書けということです。君が君の考えを自分独自のものにし、それに君の刻印を押せるように。誰の話し方であれ、君がそれを神経質に磨かれ推敲されていると認めたら、その著者の心はつまらぬことで一杯なのだと思っていい。大きな人物は、何を言うにしろ、ゆったりと自信にあふれた話し方をします。彼が話すことはすべて他人への配慮よりも、自己への信頼がひびいています。

（「手紙」115－1・2）

本多さんのおそるべき遅筆と、ゆったりした動作、一語一語吶々と話す話し方は、まさにその人柄そのもののあらわれであった。

弁護士のつかぬ過ちはない

弁護士のつかない過ちはない。それは初めはおずおずとしていて、許しうる程度ですが、そこから次第に図々しくなってゆく。君がそれを初めに許してしまうと、もうどうにもそいつを止めさせることはできなくなってしまいます。

（「手紙」116－2）

「論語」には過ちに関する語が非常に多いが、その中に「小人の過つや、必ず文る」（子張八）というのがあって、わたしはセネカのこの文章を読んだときすぐそれを思いだした。弁護士のつかない過ちはないとは、二千年前のローマも中国も、賢者の言うことは変らなかったのだ。

しかし過ちの発生と成長過程の観察においては、セネカの方が具体的だ。

激情

どんなはげしい感情でも初めは弱いものです。だがそれから自分で自分をあおりながら発達していって、力を得るのです。だからそれはあとで追いはらうよりも、初めから閉めだすほうが容易です。（「手紙」116－3）

前節の「過ち」についての指摘と同じことが、ここでははげしい悲嘆や、過度の愛など、度を過した感情の発生と成長について為される。とくに問題になっているのは、子を失った親の度を過した歎き、友を失った悲しみで、これは前に子を失った悲嘆から長年にわたって抜け出せぬマルキアに「マルキアへの慰め」を書いたセネカには、熟知する分野だった。初めから閉めだせとは、これが知恵というものだと思わせる。

出来る？　出来ない？

なぜ我々はそれが出来ないか、君は知っていますか？「それが出来ると自分を信じないからだ」。いや、誓って、実際の事情はそれとはいささか違うのです。我々が自分の悪徳を弁護するのは、実はそれを愛しているからなのです。自分でそれを取り除けないで、むしろ許そうとしがちなためなのです。しかしもし我々が自分の力を活用するなら、そして能力を集中してそれを完全に自分のために、少なくとも自分に反してではなく、動員するならば、自然は人間に十分な力を与えてくれます。だから、欲しないことがその本当の理由なのです。出来ないというのは言い訳にすぎません。

（「手紙」116－8）

これもまた我々が日常つねに出くわす問題だ。出来るか、出来ないか。なぜ出来ないのか。日常生活の到るところで我々はこの問いを発している。

ある人は、物や道具を使ったら必ず元のところに戻しておけと言われているのに、それが出来ない。ある人は、朝夕の挨拶はしなければならない、とつねに言われているのに、それが出来ない。

さらにもっと大きくは、ある仕事を命じられて、やってみる前から「わたしには出来ません」と言う。

「論語」にも同じ注意がある。冉求（ぜんきゅう）という弟子が「先生の教えを好まぬわけではないのです。わたしの力が足りないのです」と、出来ぬことの言い訳をすると、孔子は「求よ、力が足りぬというのは、やってみて中途で挫折することを言うのだ。お前は初めから自分を見限っている」と言った。

今、汝は画（かぎ）れり。

（「論語」雍也十二）

この点でも、セネカと孔子の教えはぴったり一致している。

要石

ある種のものは、いくら前より量が増大しても本来のその性質と特性を変えない。が、別のある種のものは、多くの増大を重ねたあとの最後の一つの追加が、全体に変化をひき起し、新しい、前のとはぜんぜん違う性質をもたらすことがあります。例えばたった一つの要石が、両側に弓形に湾曲している翼のあいだに楔（くさび）としてさしこまれると、その挿入一つによって、丸天井のアーチ全体を支える。ほんの小さなものなのに、なぜこの最後の追加がかくも大きな効果を上げるのか？　それは、足されて増えたのでなく、その石が全体を完成させたからです。

（「手紙」118−16）

社会組織の場合も、全体をかっちりと一つにまとめるに必要な、この要石のような人がいる。それを欠くと全体が崩れてしまうのだ。

知足

「けれども、住は凍えなければよし、食は飢えなければよし、飲は渇えなければよしというのでは、あまりにも所有が少なすぎやしませんか？」と君は言うのか。いや、ジュピター神でもそれ以上は持っていなかった。足るを知る者には、少なすぎるということはない。足るを知らない者にとってだけ、いくらあっても十分ではないのです。

（「手紙」119−7）

この「足ルヲ知ル」、知足ということは、太古から東洋の知恵であった。「老子」にすでに

「知足者富」（足るを知る者は富む）とある。わたしはこの知恵は東洋だけのものかと思っていたら、セネカにもあるのを知って、ああ賢知は一つなりとつくづく思った。真理に古今東西の差はないのだ。

空腹

あらゆる物の本来の目的に注意することです。そうすれば君は過剰なものは断念するでしょう。空腹が僕を呼べば、手はそこにある一番最初の食物を摑む。空腹が、何でも僕の摂る物の味をよくしてくれるのです。腹の空いた者はどんな物でもバカにしません。

（「手紙」119－4）

空腹は最上の料理人というが、飽食日本といわれるくらいあらゆる食い物が溢れ、人がまたグルメだ何だ彼だと食い物に欲望を燃やす国では、空腹という状態になる方が難しい。しかし、身をゼロのところに置けば、少しのプラスでもありがたく感じる。プラスにプラスする生活では、ゼロを体験すること自体が難しいから本当の物の味を体験することができない。

食い物がないのは悲惨だが、あり余るほどあっても人を幸福にするわけではない。ありがたいと感謝して食う心のあるかないかが問題なのだ。

生命

どんな生きものでもまず最初に親しむのは自分自身です。ということは、そこには何か特別な事情があるにちがいありません。僕は満足を求める。誰のために？　僕のためにです。同じように僕が心配するのも自分のためです。僕は苦痛を避ける。誰のために？　僕のためにです。僕が自分の周りにあるものすべてに用心するとき、その心配は他の何よりもまず自分自身のためにするのです。これと同じ用心はすべての生きものの内に在って、それは後天的に植えつけられたのではなく、生れついて与えられているものです。

自然はその幼な子を育て、決して棄てたりしない。そして保護は一番身近なものが一番確かだから、どの生きものもまず自分を頼りにする。ですから、この手紙の最初に詳述しておいたように、どんな幼い動物でも、母の胎内か卵の中から出るやいなや、自分でただちに敵対するものを知り、死をもたらす状況を避ける。飛び去る鳥の影を見ては、その犠牲になるのではないかと動物は脅える。どんな動物でも、死に対する恐怖を持たずにこの世に生れてくるものはない。

「どうして生れたばかりの動物が、何が自分の助けになり、何が死をもたらすかの知識を持っているんだろう？」この問題は彼らがその知識を「持っているかどうか」であって「いかにして知ったか」ではありません。いいですか、動物たちがこの知識を持っていて、それが真知であることは、彼らが必要なこと以上は何もしないことからも明らかです。なぜ鶏は孔雀や鵞鳥を見ても逃げないのに、それよりずっと小さな鷹からは、それについて何の知識もないのに、逃げだすのか？　なぜヒヨコは猫を怖れ、犬を怖れないのか？　明らかに彼らは害をなすものの知識を持っていて、それは経験から得られたのでないことは確かです。なぜなら彼らは経験する以前に、その知識を持っているからです。

（「手紙」121―17〜19）

この文章をながながと訳したのは、生命をこのような原初の状態から見て考えるセネカの哲学の姿勢に感銘を受けたからである。人間の子と動物の子を引合いに出して、セネカは彼らがまだ何も経験しないうちに、天から授かった本能によってもう敵と味方を区別することを知っているのに感嘆する。これはむろん学習して得た知ではなく、生れながらに与えられている知である。

生きものはどれもその持って生れた素質によって、自分に親しみ、自分自身を信頼するに至る。植物から人間に至るまで生きものはすべて、その発達段階に合った可能性に自分を適合させ、それをそれぞれにふさわしいやり方で用いて、環境世界に自分を適合させ、自己主張し、生き延びることを学ぶ。すなわち自然はそもそもの生命の初めから、生きものにそういう知を与えたのだとセネカは言うのだ。
とにかくこの原初の生きものの性質を語るセネカの文章は、生命に対する畏敬の念にみちていて、それ自体が感動的である。

後天的に学んで得られる能力は不確かで、不均一です。が、自然が頒ち与えるものはみな同一です。自然は生きものに何よりもまず自己保存本能と、そのために必要な能力を与えました。だからこそ生れるとともにその学習が始まるのです。彼らがその誕生とともに、それがなかったら生れてきたことが空しくなるような知を持っていることに、何の不思議もありません。なによりも自然は彼らに、生き延びるために必要な知識として、環境適応能力と自己愛とを与えたのです。もし彼らがそれを欲しなかったら、彼らはとうてい生きてゆけなかったでしょう。もちろんそれだけでは彼らに十分ではありませんが、それがなかったらそれ以外の何を持ってきても役に立たなかったでしょう。しかしいかなる動物にあっても、君は彼らに自分自身への劣等感と、いわんや無関心を、見出すことはできないでしょう。ぜんぜん声を出さぬ鈍重な生きものでも、そのほかのことにはどんなに無関心でも、自分の生命に関することにおいてはきわめて聡いのです。君が見るとおり、ほかのことではまるで無能な動物たちでも、自分自身は決して見殺しにしないのです。

（「手紙」121−23・24）

わたしはこの文章を訳しながら、現代日本の若者のことが頭に浮んでならなかった。彼らはしばしば、何で生きているかわからないと言い、何をしていいかわからない、何がしたいのかわからないなどとも言う。それが本音であることは、インターネットで知り合った若い男女が、愛するでも何でもなく、同じ室内で自殺するのがはやっていることでもわかる。子供が子供を殺す。自殺者は増加する。彼らはまるであらゆる生きものが与えられているあの生きぬく力を持たずに生れてきたみたいだ。

わたしは自分の耳で彼らの正直な声を聞いた。わたしはそれに対し何を言ってやることもできなかったが、セネカのこの文章を読んで、これをこそ彼らに読ませてやりたい、これが彼らの状態への最上の治療薬ではないかと思った。とくに最後の、「いかなる動物にあっても、君は彼らに自分自身への劣等感と、いわんや無関心を、見出すことはできないでしょう」は、これぞ現代日本の若者に欠けている原初の本能であると思われた。彼らもあらゆる生きものと同じように、ゼロから生きることを学ぶがいいのだ。飽食と、文明機器の過剰と、快適便利を捨て、一個の裸の生存にまで自分を戻して、そこから生きることを始めるのが、一番の療法であろう。生きたいという本能を取り戻さねば、何をしても始まらない。

まずいパン

　パン屋にパンがない。が、管理人が、あるいは玄関番か小作人が、何か持っています。「どうせ、まずいパンだろう」と君は言う。が、待ちなさい、すぐうまくなります。こんなものでも、空腹になりさえすれば、君にも柔らかい上等の白い粉で焼かれたパンと同じものになるのです。だから飢えが命ずるまで食べてはいけない。そこで僕は、うまいパンが手に入るか、粗末なパンをバカにしなくなるまで待つ。

　乏しい状態に慣れることも、時に必要です。金持でも、贅沢に育った人でも、場所や時間の関係で厄介な事態に出くわして、彼らの望みを充たすことができない場合はままある。彼が望むことのすべてを誰もしてやることができない。が、持っていないものを欲しないこと、提供されたものをよろこんで頂くことは、彼にもできることです。

　自由ということの大部分は、悪い取扱いにも満足できる丈夫な胃を持つことにかかっているわけです。

（「手紙」123－3）

　この日セネカは道中難儀して、夜おそく疲れ果ててアルバヌムの別荘に着いた。空腹だが料理人もパン屋も遅れているので食うものがない。そこでこんな感想が生れたわけである。

　しかし、いま持っていないものは欲せず、いまあるもので満足することなら、どこでも誰にでも出来るというのは、実践的な教訓だ。そして人生の生き方にまで及ぶ奥深い教訓でもある。前節でも言ったが、飽食日本と言われる今の日本では、ときには意志的にこんなふうにわが身をゼロの状態に置き、それを体験するがいいと思う。

多数に従う

いかに多くの物が余計な物であるかに気づくのは、それらがなくなりだした時です。そのとき我々は、それが必要だからではなくて、それを持っていたがために使っていたにすぎないことを知る。我々はなんと多くの物を、他人がそれをやっているという理由でやり、また他人がそれを所有しているという理由で所持していることか！　我々の不幸の最大の原因は、我々が他人の真似をして生き、理性によって身を処さないで、世間の慣習に従ってしているところにあります。

やっているのが少数の人間であるうちは真似しようと思わなかったことを、大勢の人間がやり始めるやいなや、すぐ自分もやりだす。まるで頻繁に行われればそれだけ、それがいいものになるかのように。そしてそれが一般的になるにつれ、正しさが占めていた場所に過ちが取って代るのです。

（「手紙」123－6）

これなぞまるで現代日本を見て言っているかのような意見だ。

実際あの高度経済成長期のあいだ我々は、なんと熱心に、他人がそれを持っているからという理由で自分もそれを手に入れたがったことだろう。テレビ、カメラ、冷蔵庫、クルマ、クーラー、等々。まるで競争のように隣人と競いあって、物を追い求めたのだった。いまもそれはつづいていて、ケータイだのパソコンだのと、日本中が同じ物を持ちたがる。まさに大勢によって頻繁に行われればそれがいいものになるかのように、だ。

生きてゆく上でこんなものが必要か、必要でないかを絶えず我と我が身に問い質していないと、自分もまた流されてその一人になる。

「ヘルヴィアへの慰め」

セネカは西暦四一年、当時地の果てと言われたコルシカ島に追放された。追放はむろん官職の剥奪であり、本もなければ友人もなく、文明もない土地にただ一人生きることを命じられる刑罰だ。ふつうなら誰もが絶望し、意気阻喪して、しばしばそのまま落胆死してしまう運命である。

だが、セネカは、そんな逆境の中にあって、哲学という心のわざによって、みごとに立場の悲劇性をひっくり返した。そして自分がここでも充実した生活を送っていると知らせることが、何よりも母親を安心させることだと信じ、繰り返しここはすばらしいところだ、ここで自分は満足して暮していると書いたのが、この「ヘルヴィアへの慰め」だ。これは孤島への追放という極刑に処せられたために、逆境でかえって輝きだす哲人セネカの本領がよく出ているので、その中の文章をいくつか取上げてみる。

セネカはむろんそこがおよそ文明から遠いばかりか、地勢・気候その他すべてが大変なところであることを認めないわけではない。きちんと認めた上で、それでもなおここでも人は心の持ちよう次第では、よく生きられると言っているのだ。

地の果てでも

ここの岩場くらいむきだしで、あらゆる方向に向かって嶮しく突き立っているところがどこにありましょう？　生活必需物資という点でここほど乏しいところが、民度という点でここほど文明から遠いところが、地勢の点でここくらいぞっとするところが、気候の点で変化がここくらい極端なところが、地のどこにありましょう？　にもかかわらずここにも、土着の者ばかりでなく大勢の外国人が住んでいるのです。だから場所の変化自体は、そう不愉快なことではないのです。こんなところにだって、故郷を離れて多くの人間が住んでいるのですから。

（「ヘルヴィアへの慰め」６―５）

セネカはところのさまのいかに荒涼としているかを報告しながら、しかしこんなところにも人は住むことができるのですと、そのことに目を向けさせる。「祖国から遠く離れているのは堪えがたい」と世間では言うけれども、見てください、この群衆を。大都会の家々でも足りぬくらいのこの群衆の大部分は祖国を持たないのです。つまり、追放というこの場所の移動は人間にとって大したことではないのです、と言う。

そんなふうに自分は、決して痩せ我慢でなく、ゼロ状態と言っていいこんなところにでも満足して生きていけることを示すのが、何よりも母親を安心させるに役立つとセネカは考えたのだ。なぜ自分はこのところにおいても満足して生きていられるのか？　それはここには時間がたっぷりあって、思う存分哲学に専念できるからだ、と。

哲学ゆえに充実した日々

だから聞いてください、あなたがわたしをどんなものとして思い浮べるべきかを。最良の境遇にいるかのように、いまわたしは喜びに満ち、元気なのです。事実、ここの生活状態は最高です。というのも、精神があらゆる重荷から自由で、その本来の使命のための時間をたっぷり持ち、あるときはさして重要でない趣味で気を紛らし、あるときは自分自身と万有についての考察をたのしみ、真理を求めることで気分が高揚しているので、生活状態は本当に至極良好なのです。

（「ヘルヴィアへの慰め」20－1）

閑暇があり、精神が本来の仕事に熱中していられるなら、これ以上のことはなく、それならば人間はどこにいても同じではないか、祖国にいないのは我慢できないなどというのは俗説にすぎないとセネカは言うのだ。これがセネカ本来の姿であった。

またそれだけではない。追放という常人には堪えがたい不幸と見えるものを、セネカが心に動揺もなく平然と受け入れることができたのは、運命を頼まず、恨まずというストア哲学の教えを、セネカがつねに心に言い聞かせ、その訓練をしていたためであることも、母親に向かって確認する。

運命を頼まず、恨まず

わたしはこれまで一度として運命をあてにしたことはありません。たとえ運命が友好状態を保とうとするような様子をみせた時にでも、です。彼が最大の親切さからわたしに積み上げてくれたもの、財産や、官職や、勢力やを、わたしは、運命がわたしを興奮させないでいつでも取り戻しに来られる場所に置いておきました。わたしはこれらのものとわたしのあいだに十分な間隔を保ってきたのです。それゆえ運命はいまそれをわたしから取り戻しただけであって、嫌がるのを無理に奪っていったわけではないのです。悪しき運命に押し潰されないのは、良い運命に騙されなかった者だけです。

（「ヘルヴィアへの慰め」5–4）

セネカのふだんの心の持ちようを明瞭にこの文章は示してくれる。外から来た物事、すなわち偶然がもたらした、自分の自由になるものではないものに対して置くこの間隔、距離こそ、セネカの心の工夫なのだ。このあと事実セネカは、今度はネロから途方もない財産を与えられることになるのだが、そういう幸運に対してもむろん逆境におけると同じ距離を置いていた。それに心を奪われなかったことが、彼のさまざまな文章からわかる。

自分の力の内にあるもの、考えたり、愛したり、徳を求め、悪徳を忌避し、心をつねに高く自由に保つような精神的能力は、これを精一杯に用いる。が、自分の力の内にないものは、たとえ運命がローマ帝国有数と言われるくらいの財産を与えるという、おそろしいばかりの厚意を恵む場合も、また邪悪なほどひどい目に遇わせる場合でも、決して親しんだり憎んだりしないでどちらに対しても正しい距離を置いて、冷静に眺める目をセネカは持っていたのだ。

彼はコルシカ島の八年で、さらにその心を磨いたにちがいないのである。

セネカが八年に及ぶ追放という大逆境の中で自分に言いきかせ、実践してみせたこの生き方、考え方は、現代日本人にとっても直接役に立つみごとな実例だと思う。運命をあてにするな、恨むな。運命の手中にあって人間の自由にならぬものには、運命がいい顔を見せる時でも、むごい命令を下したときでも、心を動揺させられぬだけの距離、間隔を置け。運命が与えたものを取り返しに来ても狼狽するな。これは、リストラだの失業だの破産だのガンだのに見舞われた人への、一番はげましになる、実践的な教えではなかろうか。

「幸福な人生について」

このエッセイは彼の兄ガリオ*への手紙という体裁で書かれている。「怒りについて」の三部作が捧げられたのもこの兄である。このエッセイは五八年頃書かれたと推定されているが、だとしたらセネカが宮廷社会でも政界でも大きな存在だった時期で、グリマル『セネカ』によると、この頃セネカはネロからの贈り物でローマ帝国の中でも最大の財産家の一人になっていた。慣習どおり財産は地方人に貸し与えられ、そのほかエジプトにも所有地があり、彼の家は大貴族のそれと変らなかった。当時、貴族の出でもない、地方出身で出自の卑しいセネカが、今やローマで最も権力があり、最も富んだ人間の一人になった、と公然と言われるようになっていた。しかしそのセネカが、哲学者と自称し、野心や富に反対であると言っているのだ。

これでは人々のねたみや憎悪、羨望を呼び起さないわけがなく、セネカへの中傷や攻撃が激しくなった。なかでもその代表格で最も執拗だったのが、クラウディウス帝の時代に密告で財をなしたシリウスという男だった。彼は最も巧妙なやり方で、執拗に、陰険に、セネカへの中傷と攻撃を繰り返した。セネカは反撃に出て、老密告者を訴え、シリウスの言葉が事実無根であることを証明し、シリウスは断罪され、追放された。

そういう状況の中で書かれたのが、この「幸福な人生について」である。「幸福な人生について」は、その意味で、二つの部分から成り立っていると言える。前半は、他のセネカの著作と同じように、読者のために正しい世界観と生き方とを力強く説く。が、後半は、読者のためというよりセネカ自身が、当時置かれていた政治的、社会的立場の中で、世間全体に対して自分の態度表明をしている。つまり自分のために書いた部分なのだ。これが、他の「対話篇」とこの「幸福な人生について」の大いに異なっている点で、成立当時の事情がそうすることを必然たらしめたのにちがいない。セネカを囲む政治状況はよほどに切迫した、危機をはらんだものだったのだ。

このエッセイの終りの方でセネカが長々と財産について論じているのは、世間の攻撃に対する態度表明である。かねてから運命の与えるものに対して、悪運、幸運いずれに対しても、正しい間隔を置いて見るというのが、セネカの長年培った心掛けであったが、その覚悟をここでまた確認しているのだ。

また最後のところで、セネカはソクラテスを登場させ、彼の口を藉りて、自分は海中にひとり突っ立つ岩のようなものだ、波が四方八方から攻撃の手をゆるめないが、岩を消滅させることはできない、と言わせているのは、これこそセネカ自身の痛切な思いだったにちがいない。

とびかかるがいい、攻撃するがいい、わたしは持ちこたえることで君たちに打ち勝ってみせよう。堅固で打ち勝ちがたいものに突き当たる者は誰でも、自分の力が逆に禍(わざわい)をもたらすだけだ。

（「幸福な人生について」27–3）

こういうはげしい気持の中で「幸福な人生について」という当時の哲学の中心的な問題にとりかかるのである。セネカの考えが、俗論に従うな、自分の目と判断のみを信ぜよ、というところに向かったのは、状況からして必然的であったと思われる。

セネカはまず、幸福な人生に到達することは容易なことかと問い、容易でないどころか、一歩誤れば幸福な人生を求めて急ぐほど逆にそこから遠ざかる、と言う。正しい道を見つけるのに必要なのは、第一に努力の目標は何か、それにはどんな道を通らねばならぬかを、自分の頭でよく考えるべきだと言う。そのさい最も注意すべきは、多数者に従うと誤る、ということだ、と。

＊　セネカの兄、ルキウス・アナエウス・ソバトゥス。イウニウス・ガリオに養子にいったので、そのあとはルキウス・アナエウス・イウニウス・ガリオと名乗った。

多数者に従うな

ふつうの旅なら、よく整えられた道に従い、土地の者に聞けば迷うことはありません。が、この旅では事情が違って、最も好まれる、最も多くすすめられる道が、実は一番誤らせるのです。だからここで何よりも注意しなければならぬのは、羊が群についてゆくように本能的に先行者の後ろについてゆくことで、これではみなの行く道を行くことになり、本来辿るべき道を行くことになりません。

ところで、多数者の賛成したことを最善と見做して、大勢の意見に従いたがる我々の性向くらい、我々を大きな災厄に陥れるものはありません。これではただ数に従うだけで、人生を理性の判断によって導くのではなく、模倣するだけだからです。

（「幸福な人生について」1-2・3）

幸福に生きる道を求めるについては、世間一般の人のやるようにしていたのでは、どこまで行っても迷うばかりだ。それには自分で考えて目標と行程を定めねばならない。目標をしっかり定めず、大勢の人間がこっちだと叫んでいる方についていったら、人生はただ迷妄に陥るだけだ。一人の信頼しうる立派な指導者について、どこに行くべきか、方向と目的を定め、そちらに自分の意志と判断で歩いてゆけ。頼るべきは、君自身の正しい理性の働きだけだ。

ともかく、最も人を迷い誤らせるのは多数者の意見に本能的に従うことだ。幸福というような心の問題については、賛成者の数の多少は問題にならないと注意するのが、この段である。

たしかにそのとおりで、世間の人はとかく、宝くじに当るような外から与えられた幸運を幸福と同一視しがちなものだ。が、すでに見て来たように、偶然（運命）が与えた幸運なぞはすぐまた運命に取上げられるもので、断じて頼りにすべきでないとするのが、ストア派哲学を学ぶセネカの考えである。

幸福もまた心の問題である以上、自分の権能下にあるもの、すなわち理性を用いて摑まねばならぬ。多数者に従うのでは、初めからそれを、みずからの力で考え判断するという一番の大事を放棄してしまうことになる。だからセネカが最も警めるのは、それが多数者の賛成することだからという理由で、大衆の意見や好みに従うことだ。

他人を信用してばかりいると

最も害があるのは、ただ先行者に従って行くことです。というのは、誰にとっても、ある事柄について自分で判断を下すよりも、何かを信用して受け入れる方がやさしいのですが、それでは決して自分で自分の人生を導くことにはならないからです。そうやっていつでも他人に頼りきってゆくことで、過ちは手から手へ渡り、我々は愚弄され、奈落の底に突き落されてしまう。他人に従って身を律すれば、破滅あるのみです！

（「幸福な人生について」1―4）

我々が自分で判断するよりも大勢の動向の方を信用しがちだというのは、ちょっと歴史をのぞけばいくらでも先例が見つかる。一九三〇―四〇年代のドイツがナチス一辺倒に傾いていって、結局国全体が奈落の底に沈んだのは、二十世紀最大の過ちの実例だ。同じことは個人にもあてはまる。みんながやっていることだからと信用してつまらぬことに投資し、有り金全部まきあげられるとか、怪しげな新興宗教にひっかかって身を滅ぼすとかの例は、あとからあとから出てきて絶えることがない。総会屋への賄賂（わいろ）だの、牛肉すりかえ事件だの、経済界ではいつもこの同じ過ちを犯している。愚かなものだと人は嘲笑するが、大勢のすることを真似し、慣習に従い、多数を信用する心の癖が直らぬかぎり、人間は永久に同じ過ちを犯すだろう。

いかに生くべきかという問題では、多数者のいる方が正しいということには絶対にならない。むしろ大衆はつねに誤るとセネカは考えていた。

多数こそ最悪

人間の問題に関しては、多数者の気に入る方が善ということにはなりません。むしろ大勢が集まるということ自体、それが最悪のものだという証拠なのです。

（「幸福な人生について」2―1）

人気というのは何事においても、それが正しいことの証明にはならない。世にひろく行われているから善だということもない。

これは当時のローマ社会において特にそうだったのか、権勢ある者をほめそやす群衆は、みなたちまち敵になりうる者で、ほめる群衆の数がそのまま嫉む者の数である。それが群衆というものだ、とまでセネカは言っている。しかし、これはなにも二千年前のローマ社会だけとは限らない。現代日本だって事情は変らない。むしろテレビだのパソコンだの、情報が過度に流れる現代社会の方が、大衆の付和雷同ははげしくなっていると言っていいだろう。

大衆不信のセネカが絶対的に従うのは自然であり、理性である。自然と理性はしばしば神と同じものとしてセネカの言説に現れる。理性は神性のはたらきである。だから幸福の追求においても、彼が従うのは自然の声である。

幸福な人生を作る原則

何よりもまず――この点でストア派はみな意見が一致しています――わたしは自然に従う。自然から外れず、その法則と模範によって人生を導くのが、知恵だからです。したがって幸福な人生とは、自分自身の本性と合致した生のことですが、そういう生は、まず心が健全であること、いつも健全を保ちつづけること、勇気と行動力があること、困難に毅然として堪えうること、時勢に適応できること、肉体と肉体に関連したすべてのことに配慮はするが、心配ばかりはしていないこと、それから人生をゆたかにするその他のことにも、意は用いるが過大評価はしないこと、運命の贈り物を利用はするがその奴隷とはならないこと、等々がないと、我々に与えられません。

（「幸福な人生について」3―3）

ずいぶんと欲張ってたくさんの徳を掲げたようだが、よく見ればこれはどれもストア派の原則――自分の権能のうちにある能力を大いに働かせて、自分の力で充足した満足しうる生き方を作りだし、運命がもたらすものは利用はしても依存するな――から導きだされていることがわかる。幸福とは自分で作り出すべきもので、外から与えられるものではないのである。それが自然に従って生きるということなのだ。

だから同じことを別なように言いかえることもできるとして、セネカは、「最高の善とは、偶然の与えるものを軽蔑し、自分自身の徳（倫理的成長）を喜ぶ心」だと言うこともできるし、また、「それは、事物に通じ、行動において考え深く、まわりの人々との交わりにおいては理解と配慮に富み、何ものにも屈しない心の力」と言ってもいい、と言う。

もう一つの定義

だから、こう言っても同じ意味です。「最高の善とは、偶然なるものを軽蔑し、自分の徳だけを喜ぶ心である」と。あるいは「何ものにも負けぬ魂の力とは、人生の様々な出来事において経験があり、行動において落着きがあり、ゆたかな人間性に富み、自分の交際する人々について配慮することである」と。

またこうも定義できます。我々が幸福な人間と呼ぶのは、善い心と悪い心のほかにはいかなる善悪もなく、名誉を保ち、徳をたのしみ、偶然のもたらすもので得意にもならず挫（くじ）けもせず、自分が自分に与えうるものより大きな善を知らず、快楽の断念が真の快楽であるような人だ、と。

（「幸福な人生について」4―2）

セネカはつまり同じ一つの心の状態をいろんな角度から見て違う表現をするのだが、これが本来言葉でとらえきれぬ目に見えぬ人間の力、魂の姿、すなわち徳と呼ぶものの姿なのだ。その徳が落着き、心の平安、自分への信頼、自信という善をもたらすのであり、その善が幸福をもたらす。だからこういう心によって成り立つ幸福は、それ自体で充足しており、その善外のものによって増えることも減ずることもない。みずからが作り出し、みずからによって維持されるのだから、自分で自分に満足し、他に求める必要がない。何ものによっても奪われず、壊されない、そういう心のありようを幸福と呼ぶのである。幸福は自己受入れ、自己肯定、自己信頼の上にのみ実現される。

深いところから湧く喜び

そのような基礎の上に立つ者には、それを欲するにしろ欲しないにしろ必ず、絶えざる快活さと、深い、さらに深いところから湧いてくる喜びがともなう。なにしろ自分のものだけを喜び、自分にふさわしいものより大きなものは求めないからです。

（「幸福な人生について」4―4）

自分を肯定できるということが、幸福には欠かせない条件なのだ。自分を受け入れ（人はそれぞれ違う能力や肉体や容貌や精神を与えられて生れてくるが）、自分の醜さや、短い足や、病弱なからだや、そういうものすべてを受け入れ、認め、肯定し、愛するに至る。そこまでに自分を訓練して持ってゆくのが幸福になるということだ、とセネカは言うのである。

　それに対し、自分を受け入れることができず、自分に絶えず不満を持ち、自分にないものを求め、得られなければいらいらし、他人にも悪しくあたるような心の持ち主を、不幸な人間と呼ぶのだ。自分を受け入れ、肯定できないで幸福に至ることはできない。

　わたしはいつかある女流作家が、こう告白しているのに感動をうけた。彼女が言うには、自分は若い頃自分の容貌は醜いと思いこみ、そのことにずいぶん悩んだ。青春期の全体を通じて、わたしの悩みの最大のものは容貌に関するものであった。が、それから仕事を始め、仕事に少しずつ自信ができるようになって、中年になったある日鏡を見たとき、おや、これがわたしかしら、と驚いた。それは、内から自信が光る落ち着いたいい顔になっているのを発見したからだった。容貌はむろん昔のままで変らない。が、長年してきた仕事の作りだした自信が、醜いなら醜いなりに、それを別の美に仕上げていたのだ。個性的な美と言ってもいい。生来美しく整った顔を恵まれた人にはないような、驕慢なところの少しもない、控え目で落ち着いて自分に充足した、要するに自分が見てもいい顔になっていた。その日を境にわたしは自分の容貌を恥じることがなくなった。自分に信頼を持った。

　およそそんなことを書いているのである。その人はわたしの知っている人であった。わたしが知ったのはそろそろ初老に入ろうという頃で、わたしは彼女の落ち着いた顔を初めから好ましく見ていたが、この告白を読んでさらにそれが輝くように思われた。

つまり己れに自信を持つ、己れに親しむ、己れを受け入れる、肯定する、愛するとは、そういう何かが心の内に生じることなのだ。そのときその人は完全に救われる。

その自信を作ったのは彼女の場合は書くという仕事であったが、セネカは、徳というもの（善い心のありよう）を自分のうちに養うとき、人はもはや誰にも奪われぬ自信を得るに至ると言うのだ。

そしてそうなるのを妨げる最大の原因は、心がつねに外に向かい、外に依存し、外なる価値（人の評判とか賞讃とか、金のあるなしとか、美醜に誇ったり悩んだりすることとか）に気持を動かされて、それをはげしく欲し、動揺しつづけることだ、とセネカは言う。とくに、快楽という、肉体の喜びに全面的に傾くとき、その災厄は最大のものになるとして、「幸福な人生について」のうち最も多くのページを、快楽が人に与える害の考察にあてている。これにはわたしも驚いたが、紀元前後の頃のローマ帝国では、飲食や性やスポーツや温泉や音楽や踊りや舞台や宴会などの快楽が、よほどに根深く社会生活の中にはびこっていたらしい。セネカの快楽に対する観察と思考は辛辣をきわめている。

快楽というものは、肉体の快楽であり感覚の快楽である。飲食の快楽であり、音楽・香水・性欲の快楽である。その住むところは娼家、料亭、公衆浴場、競技場、劇場、サウナである。その悪徳は高慢、傲慢、横柄、恫喝（どうかつ）、有頂天、等々である。が、快楽の何よりの特徴は、欲望が満たされると同時にその快は終るということだ。だからあらゆる快楽に恵まれながら、いつも不幸な者もいる。快楽を求める者はつねに欲求不満の中にいる。

これに反し、善き行為、正しい行為、自然に従った行為、すなわち徳は、それ自身の中に喜びがあるから欲求不満にならない。徳がもたらす善はそれ自身が価値だからだ。それが幸福ということである。だから幸福な人は、自分の境遇がどんなものであってもそれを楽しみ、満足している。

わたしはこのところを読んだとき、「論語」の顔回をたたえる言葉を思いだした。

子曰く、賢なる哉、回や。一箪の食、一瓢の飲、陋巷に在り。人その憂いに堪えず、回やその楽しみを改めず。賢なる哉、回や。

（「論語」雍也十一）

食は竹の弁当箱一杯のごはん、飲むは瓢箪に汲んだ水という貧乏生活の中で、徳を楽しむ顔回を孔子は絶讃しているのだ。

セネカの現実を視る目はいつもながらきわめてリアリスティックで、この描写あるがためにその反対の、それだけを語ったのでは抽象的で、現実味をもちにくい徳とか善とかについての説が、リアリティをもって迫るのだ。

セネカはそんなふうに快楽によって動かされている人たちを描いたあとで、一転して、道に志し、道に到ろうと努める人（それはおそらくセネカ自身の姿）を描く。そのところがなかなかいいので、これも少し長く引く。

徳への祈り

「哲学者は自分が言うことを実行しない」と言うのですか。そんなことはありません。彼らは絶えざる思索の中で得た思想を語ることで、すでに十分な仕事をしています。むろん、その上さらに自分の言葉にふさわしい行動をすることができたら、それに勝る幸福はないでしょうけれども。それよりもまず、あなたには、良い言葉と良い思想に満ちた心を軽蔑する理由は何もありません。意義ある勉学にあっては、たとえ成果が得られなくとも、努力そのものが賞讃されねばなりません。険しい目標を追う人たちが山の頂上まで辿りつけなくとも、なんの不思議がありますか。男である以上あなたは、偉大なものの追求に従事する人々を――たとえ彼らが墜落しても――尊敬すべきです。

自分の個人的な力を超えた人間の本性の力を見ながら、高い目標を設けて何事かを為そうと試み、非常な意志力を恵まれた人間でも果せるかどうかわからないくらい大きな計画を胸に抱くとは、なんと気高い心ではありませんか。誰が自分自身にこんな誓いを立てるでしょう、「わたしは死を見るにも、喜劇を見ると同じ目で見るだろう。わたしはたとえ肉体的苦痛がどんなに大きかろうと、意志力でからだを支えながら堪えてみせる。わたしは財産を――持っている場合でも、持っていない場合でも――同じように軽視し、それがどこか遠くにあっても悲しまず、それが自分のまわりで光り輝いていても有頂天にならない。わたしは運命がやって来たときも、去っていったときも、少しも心に留めない。わたしはあらゆる土地を自分の所有物のように見、わたしの土地をすべての人のもののように見る。わたしは、自分は他人の役に立つために生れたのだと知っているかのように生き、そのことで自然に感謝を捧げる。なぜといって、自然はどうしてわたしの関心事をこんなによく知ることができたのか？　自然はわたしという一人の人間をみんなに贈り、わたし一人のためにみんなを贈ってくれたのだ。

わたしは、自分が何を所有しようと、それを吝嗇漢（りんしょくかん）のようにけちけちと守らず、また浪費家のようにむだに撒きちらすこともしない。わたしは自分に贈られた以上の物を所有しようとは思わない。人に恩恵を施してもわたしはそれを、受け取った人の気持のほかは数でも重さでも、またそれ以外のいかなる評価でもはからない！　受け取るにふさわしい人が受け取ってくれたのなら、わたしにとってそれ以上のことはない。わたしは何一つよき評判のためには行わず、すべてを良心のために行う。自分以外に誰一人証言者のいないことをするときでも、わたしはそれを公衆の面前で行うのと同じようにする。

飲食の目的はわたしにとって、自然の必要を満たすことであって、口腹の欲に奉仕するためではない。わたしは、友人には愛をもってし、敵には優しく寛大であろう。人の願いは懇願されぬうちに果すようにし、まっとうな懇願は頼まれるより先に果そう。わたしは知っている、わたしの祖国は十方全世界であり、その主宰者は神々であることを。神々はわたしの上に、わたしのそばに、わたしの言動の裁き手として立っていることを。そして自然がわたしのいのちを取り戻そうとするか、理性がそれを放棄しようとする時が来たら――わたしはこういう声明とともに世を去ってゆくだろう、わたしは良心と良き骨折りを愛したと。いかなる人間の自由も――わたし自身のそれを除いて――わたしによって損なわれることはなかったと」。

誰かこのように行うと誓った人は、神々への道を欲し、試み、行く人です。そう、たとえその人がそこまで達することができなくとも。

（「幸福な人生について」20－1～5）

わたしは「幸福な人生について」の中のこの箇所を読むたびに、それを貫く気迫に打たれて、ある厳粛な思いを感じないことはない。美しい誓いだ、美しい祈りだ、と思う。宮沢賢治の「雨ニモマケズ」の祈りに共通する人間の究極の願いがここにあると感じる。セネカは、このような誓いを立てる人は、神への道を歩む人だと終りに言っているが、この誓いはあらゆる宗教の誓いと同じ心から発せられている。

わたしは「無量寿経」の「四十八大願」を思いだす。

われ、超世の願を建つ。必ず無上道に至らん。この願、満足せずんば、誓って正覚を得じ。

（『浄土三部経』）

「四十八大願」の方は、自分は悟りを得て救われ、仏となることができても、この世に救われぬ者が一人でもいる限りは正覚（諸仏が等しく成就する無上、不偏の悟り）を得ないだろうと誓うのだが、セネカの誓いにも、自分だけでなく人天の人みな幸福を得て救われてもらいたいという願いがある。自分一個の幸福を祈っているのではないのである。

またこの中の「友人には愛をもってし」以下の文章は、わたしに「論語」の中の孔子の言葉を思いださせる。弟子の子路と顔淵にそれぞれの願いを言わせたのち、子路に、それでは先生の願いをお聞きしたいものですと促され、孔子が答えた言葉はこういうものだった。

子曰く、老者には安んじられ、朋友には信ぜられ、少者には懐かしまれん。

（「論語」公冶長二十六）

老人には不安も怖れもなく安心して暮せるようにし、友人にはあの男なら絶対に裏切らないと信じられるようにし、幼い者には懐かしんで近寄ってくるようにする。そうなることがわたしの願いだ、と言うのだ。子路たちの言葉にくらべ孔子のは平凡な何でもないことのようだが、これが本当の徳なのである。同じようにセネカの誓願の一つ一つをとれば何でもないことのようだが、よくよくその中味を考えれば、実行するとなると自分には出来るかどうかも疑わしい、どれもずっしりとした内容のある誓いであることがわかる。これを実現することがセネカの言う徳なのだ。幸福という、自分の行いによってのみ得られる善を実現するには、これだけの一大決意をもってしなければならないのだ。これらはすべて偶然の所与でなく、自分の力で為しうることであるゆえに。

そして「幸福な人生について」というエッセイの重要な部分は、この誓願をもって終っている、というのがわたしの考えである。このあとセネカはかなりのページを費やして、道に志す者と財産との問題を論じているが、これは大変な大金持であったセネカの金銭観、財産観として一読の価値はむろんあるものの、どちらかといえばセネカの自己弁明であろう。

哲学に志す者は財産を持つなと言うのでなく、財産を持っても心を動かされるな、と言うのだ。たとえわたしを豪華を極めた住居に置いてもわたしはそれに心を動かされず、わたしを橋の下の乞食の群の中に置いても、わたしは変らないだろう。だが、正しい道によって入ってきた富なら、あった方が哲学を行うにはいいだろう、とも言う。

富に対して

というのは賢者は、幸運なる偶然のもたらしたいかなる贈り物も、自分に値しないとは思わぬのです。賢者は富を愛するのでなく、ないよりあった方がいいと思うのです。富を自分の心の中にでなく、自分の家の中に受け入れるだけです。所有物を彼は突っ返したりせず、自分の徳の完成に少しでも役立つものとして取っておくのです。

（「幸福な人生について」21－4）

後世にも、セネカは金銭を軽視せよと言いながら、実際は途方もない富を持ちつづけたではないか、言行不一致だ、と攻撃する者が跡を絶たなかったようだが、わたしはセネカのこの言葉を信ずる。セネカほどの人が富に心をとらわれていたはずがないのである。孔子だって、正しい道をもって得た富は必ずしも否定しなかったのだ。

それにしてもしかし、セネカの富に対する考え方にわたしが興味を持つのは、ふつうストア派の哲学はみな貧に親しむことを説き、セネカもそうなのだが、富に対しても彼はそれと同じ態度でのぞんでいるからだ。彼は大金持だからといって贅沢な暮しをしたり、大勢の客を呼んで宴会をしたりすることもなく、付き合うのは信ずるわずかの友人たちで、日常生活は、前に「道徳についてのルキリウスへの手紙」にあったとおり、禅僧のようにきびしく、質素だった。彼がネロに自殺を命じられたときなかなか死ねなかったのは、粗食のため血が少なく、血管を開いても血が十分に流れ出なかったためだと言われている。富に心をとらわれずに富の価値を認めるというのは、セネカのように哲学の徒であって同時に大金持でもあった人にしかできないことだったにちがいない。すなわち欲望ぬきで彼は冷静に富を見ることができたということだ。そこで彼の富に対する考えを最後に引いておくことにする。

セネカの富裕観

賢者がその精神を発展させる上で、貧よりも富のほうが大きな可能性を与えることに、なんの疑いがありますか。貧乏には剛直という、枉(ま)げられもせず押し潰されもしない一種類の徳しかありませんが、富裕の中には、節度、気前のよさ、慎重さ、識見、鷹揚などの広場があるのではないですか？

賢者は、背丈がひどく低くても自分を軽んじたりしないでしょうが、それでも背の高いことを望むでしょう。体軀が貧弱だったり、片目がなくとも、自分を健康だと感じるでしょうが、それでもよき肉体に恵まれていることを好むでしょう、ただしそれは自分が体力よりもっと強いものを持っていることを自覚していればこそですが。

健康がすぐれないのにも彼は堪えるでしょうが、良かったらと望みはするでしょう。そういったもの、つまり富とか健康とかは、全体から見れば小さなことであり、最も重要な善に比すればたとえ取り除かれても何の害もないものですが、それでもやはり、恒常なるものである徳から生ずる喜びになにがしかの寄与はするでしょう。富が賢者に活気を与え、快活にするのは、ちょうど船旅をする者にとっての順風や、美しい日や、また冬の寒さの中での陽当りのいい場所のようなものです。（略）

「なんだって？」とあなたは言うのですか。「お前はわたしをバカにするのか。わたしの見るところもお前の見るところも、富はまったく同じものではないか？」では、どんなに同じ位置を占めるものでないかをお教えしましょう。富は――たとえわたしの手から消えて失われても、それは富がなくなったというだけで、わたしから奪われたことになりません。しかしあなたからそれが奪われたら、あなたは呆然自失し、自分が置き去りにされたと感じるのではないですか。わたしの場合、富は多くのものの中の一つの位置を占めるにすぎませんが、あなたにあっては最高の位置を占めているのですから。わたしにあっては、富はわたしに属するものですが、あなたにあっては、あなたは富の所有物なのです。

（「幸福な人生について」22-1～5）

これならば誰でも納得するのではあるまいか。わたしはかつて『清貧の思想』（文春文庫）という本を書いた者だが、そのわたしでもこの富裕観には何の違和感も持たない。日本でいえば本阿弥光悦がちょうどこれと同じ見方で富に対していた。貪欲を蔑視し、どんなことをしてでも富を得ようとする者を嫌い、ある人間がそういう者だとわかると以後一切の付合いを絶った。

むろん自分に対しては、不正な手段で入ってきた金は銀貨一枚でも持つことを許さなかった。本阿弥家は大変な財産家であったが、彼自身は簡素な家に住み、質素な暮しをして、よい茶碗などあると、やれ落すな、やれ盗まれるなと、気遣いがうるさいとして、すべて人に与えてしまい、自身は粗末な茶碗で茶をたてていた。富というものも、それを持つ人の心次第で、おそろしく醜悪なものにもなるし、また人の役に立つものにもなることをよく知っていたのだ。セネカの富に対する態度もまさにそういうものだった、とわたしは信じる。

「幸福な人生について」は、先にその全体を紹介した「徳への祈り」(わたしが勝手に名づけたもの)を圧巻として、セネカの著作の中でもとくに徳への讃歌をうたった書物だが、その声調は朗々としてそれ自体が文学になっている。わたしはその昔インドの田舎を旅していたとき、ある街で明け方とつぜん非常な声量の男声が朗々とコーランを誦するのを聞いて、その声に感動したが、それと同じ質の感動をセネカの徳への讃歌に覚える。それは全人格から発せられる声が与える、ほとんど生理的な喜びなのだ。そこでセネカを讃えるためにその部分を訳して掲げてみる。

だからして——真の幸福は徳の上にのみあるのです。この徳は、ではあなたに何をすすめるか？　それは、徳によって起るわけでも、悪徳によって起るわけでもないものを、善とか悪とか思ってはならぬということです。その次に——それが正しいことであるかぎり、悪に対しては断乎としてあれ、善の側に立てということです、あなたが神に似たものになろうと努めるために。

　では、このような志に対して徳は何を約束するのでしょう？　途方もないこと、神にもくらぶべきものを。すなわちあなたは何者によっても強制されず、何一つ不足なものなく、いかなる危険にも冒されず、傷つけられず、完全に自由です。企てて成らぬことなく、何者にも妨げられません。万事あなたの目論見(もくろみ)どおりに運び、反対は何一つ起りません。あなたの考えや意志に反することは何も。

「どうしてそうなのか？　幸福な人生のためにはその徳だけあれば十分なのか？」

　徳が完全であり神的なものであるなら、どうしてそれだけで十分でないわけがありますか？　むしろ十分すぎるのではないですか？　あらゆる欲望の外にある人間に、それ以上の何が不足だというのですか？　自分のものをすべて手中にしている者に、それ以外に何が要るというのです？

（「幸福な人生について」16—1〜3）

徳の報酬というなら、それはかくの如きものであった。徳を自己のうちに実現した人間には、すべてが内に具わっていて欠けたものなく、必要なものはすべて自分の内にあり、それをいかように使用するもその人の自由である。運命が幸運をもたらそうが災厄をもたらそうが、彼はそういう外物に支配されるところの外にいる。何一つ外物に依存していないからだ。そういう人間をセネカは完全で神にも等しい者と呼んでいるが、徳とは完全な自足であるなら、それこそ神仏にひとしい者と言っていいだろう。

徳に捧げられた最高の讃歌がこれだ、とわたしは思う。人間としてこれ以上に求むべきものはない。

「心の落着きについて」

この「心の落着きについて」というエッセイもわたしは好きで、これまた何度も読み、読むごとになんらかの新しい発見があった。

これもセレヌスという人物にあてた手紙のスタイルで書かれているが、ほかのとちょっと違うのは、初めにセネカにあてたかなり長いセレヌス自身の手紙があって、自分の落ち着かない心をどうしたらよかろうかと相談していることだ。それに対し、相手の状態の分析・診断から始めて、どうしたらいいかと、本質的な心構えから日常生活の具体的なことまで懇切丁寧にセネカが答えたのが、このエッセイだ。

セレヌスは、グリマル『セネカ』によると、セネカよりかなり年下で、西暦三〇年頃セネカと同じスペインで生れたとある。セネカの親戚であったらしい。それが出世を夢みて、コルドバの同郷人にとって希望の星であるセネカを頼ってローマに出、その被庇護者になっていたのだ。

セネカがこのエッセイを書いたのは五三—五四年頃と推定されている。とすれば法務官であり、宮廷ではネロの助言者であって、権勢の絶頂にあった時だ。にもかかわらず、田舎から大都会に来て心が落ち着かず、みずから「船酔い」状態に苦しんでいると言う若者に、きわめて懇切な手紙を書き与えているのだ。セネカのこの親切にセレヌスはさぞや感激しただろうが、わたしが思うに、こういう文章を書くということは、またセネカにとってもみずからの生と思想の確認という意味があったからだろう。

「人生の短さについて」の最後に「自分の人生の構造を知る」ことの重要性をのべた言葉があったが、政務と宮廷勤めの多忙な生活の中にあっても、哲学を志すセネカの心はそれに埋没してしまわず、つねに自己の生の状況を明確に認識したいという欲求があった、とわたしは想像する。この若い被庇護者の要請は、セネカにとっても自分を省みるよい機会であったはずだ。

セレヌスの悩みとは、田舎から大都会にやってきた若者がみな体験するような心の不安状態であった。田舎にいた時のように質素な暮しをしようと心掛けているが、きらびやかに着飾った奴隷たちを従えた金持の華麗な行列を見たり、豪華な屋敷を見たりすると心が動かされ、自分もあんな暮しがしたいと思う。

田舎で質素でつましい暮しをしてきた自分に、大都会の贅沢や豪華さの輝きが流れこみ、四方八方から音をたてるので、目がちらちらしないわけにいかない。そして贅沢な暮しの方がいいのではないかという思いが頭をもたげる。

ならば元老院めざして国政に打って出ようかと思ったりするが、きっと失敗するだろうとの不安に打ち挫かれる。万事がその通りで、初めはどの選択もがよく見えるが、次にはどれも自分にはできそうにない高望みに見えてくる。そんな心の動揺の繰返しで、嵐に襲われているのではないが、自分はいつも船酔いのような状態にいる。どうかわたしによい助言をしてください。

これに対するセネカの返事は実に親切なもので、彼はまず相手の状態をくわしく分析して、君の状態は重病から回復したものの、まだ自分の健康が信じられないで、ちょっと熱が出たと言っては大騒ぎする人に似ている。健康でないのではなく、健康に慣れていないのだから、君にいちばん必要なのは自分自身への信頼を持つこと、自分は正しい道を歩いているのだと信ずることだ、と忠告する。まわりのいろんな人々のさまに惑わされたりせず、しっかりと自分を保て。

安心という状態

そこで問題はこういうことになる。どうすればいつも心を落ち着いた良い歩みで歩かせられるか、どうしたら自分自身と和解できるか？　どうしたら自分の状態を喜んで眺め、この喜びを中断させずに落ち着いた状態に保っておけるか、またどうしたら自分を実際以上に高めも低めもせずにいられるか？　これこそが心の落着き、安心というものです。

まずそういう理想を示しておいて、セネカはその安心状態を保つことを妨げるさまざまな状況を列挙してみせる。このところはセネカ独特のやり方で、現実味がある。セネカのは単なるお説教、抽象論ではないのだ。

（「心の落着きについて」2－4）

どうして人はそういう心の落着きへ達せられず、落ち着いた心を維持できないのか？　それにはいろいろな心の弱さ、性格の弱点、様々な欠点があるけれども、それらは結局のところ自分自身と一つになれぬこと、自分を信じきれぬこと、自分への不満が原因なのだ。

では、どうしてそういうことになるのか？　それは君が、自分の心の要求は何かをしっかり見定め、そこから発した目標、仕事を、よくよく研究し、確かめ、決意し、企てたことをやりぬこうとするのでなく、世間の人のすることや、流行や、人目をひくもの、華やかなものなどに気を引かれて、あれもいいな、これもやってみたいななどと、あっちこっちに手を出す。そして、あれをやっては失敗し、なぜこんなことを企てたのかと後悔し、また新たに別のものにとびつく。

つまり、自分の内心の要求から発して、やろうと決意したことをやるのでなく、自分の外にあるものに目をくらまされて事を企てるのが、失敗の理由なのだ。しかも、あらかじめ十分な研究と計画を練っておかず、絶対にやりぬくだけの堅い決心と忍耐力と意志を欠いているために、何をやってもうまくいかないのだ。この繰返しのうちに自信を失い、自己嫌悪に陥る。焦燥と、無気力状態、不安と落着きのなさの同居という、最悪の状態に陥ってしまう。

精神の麻痺

そのようにして、始めてしまったことへの後悔と、これから始めようとしていることへの怖れとが彼らをとらえ、自分の願望に命令することも服従することもできぬために、あの動揺しつづける気分へと移ってゆくのです。決して発展することのない生き方のためいや、決して果されぬ願望によって硬直した心の腐敗が、そこに生じるのです。

ここから生じるのが、自分自身への嫌悪と不満、あの精神のこらえ性のなさ、自分の暇に苦しむ病的な無為状態です。（略）けれども成功から見離された無為は、最も毒のある羨望ややっかみの土壌となり、自分自身を肯定することができないために、自分以外のすべての人の没落を望むことになる。

他人の成功に対する不満と、自分の成功への絶望から、ついには運命に対する憤怒が生じてくるのです。

（「心の落着きについて」2－8～10）

セネカのこういう不平不満者の心理分析と病状認識は、つねにおどろくほど精緻で、具体的で、彼が身の周りにそういう人種をいかに多く見てきたかをうかがわせる。しかし、我々でも周りを見れば、世間に最も多いのはこういう心理状態の人ではなかろうか。ともあれ、セネカはこういう自分自身の中に慰めを持つことのできない人たちを、心の病人と呼び、ただ忙しく動きまわっていた人がそうなっては、もうどこにも行くところがないと言う。彼らは自分に嫌気がさし、自己嫌悪から他人の好調を嫉妬したり、憎んだりするに至る。こういう人たちは、絶えず外国へ旅行に出たり、居場所を変えたりする。どこにいても満足できないからだ。家にいれば、為すことのない空虚感にとらわれて刺戟を外に求める。外に出て次々に変るものにいっとき心を楽しませても、自分一人に戻ればまた空虚感と自己嫌悪にとらわれる。

これを逃れても

一つの旅のあとに別の旅が企てられ、見世物に別の見世物が代る。かくしてルクレティウスが言ったように、「このようにして誰もが、絶えず己れ自身から逃れようとする」。

しかし、それが何になるか、その人が自分自身から逃れられないならば？　自分が自分自身のあとを追い、ついには最も厄介な同伴者になるだけです。

だから我々は知らねばなりません。我々が苦しむのは、環境に原因があるのではなくて、我々自身が悪いのです。我々が弱いために何事にも堪えられず、苦労でも、快楽を我慢することでも、自分自身でもその他何でも、ちょっとのあいだも堪えることができないのです。そのことがある人々を死へと追いやりました。彼らが何度目標を変えてもまた元の場所へ戻ってきてしまい、新しいものの入る余地が残っていなかったからです。かくて彼らは、人生も、世界そのものも嫌になり始め、怠惰な享楽生活の果てにひそかに心の中にあの疑問が首をもたげるのです、「こんなことがいつまでつづくんだ?」

（「心の落着きについて」2–14・15）

ここは、セネカの精神分析の力をまざまざと見せるところで、これを読んでは受取人のセレヌスも自分の心を裸にされる思いがしたことだろう。セネカの助言が力を持つのは、それがつねにこういう正確な現実観察に基づいているからだ。環境をいくら変えてもダメだ、原因は自分自身にあるのだから、とセネカは断言する。

その点、現代日本人は過去五十年、環境を変えさえすれば人は幸福になるという幻想を追う一方で、自分と向き合うこと、自分を鍛えることについてはあまりにも論じることがなさすぎた。だが、制度とか社会の仕組とか、外なることの改革は、結局のところ外のことである。いくら外が変ってよくなったところで、自分という者が変らなければ、真の幸福には達せられないのだ。ここでも、やはり二千年前の人の方が、心の問題についてははるかに深く考えていたと言わないわけにいかない。

必要なのは外にあるものではなく己れ自身を見つめることなのだ。

わたしが、この「心の落着きについて」というエッセイで一番力づけられたのは、セネカがここでは何度も、人が安らかで落ち着いた心を持つに一番必要なものとして、自分自身に対する信頼を持つようになれ、自分自身を楽しめるようになれ、とそれを何よりも強調していることだった。わたし自身も七十八年を生きてきて結局達したのは、自分の全部を受け入れ、自分を全肯定することが、あらゆる人間の努力の目標だ、ということだった。が、一番難しいのもそのことであると思う。宗教が、とくに禅が究極の目的とする悟りというのは、そういうことであろうとわたしは想像している。

そしてその反対が自己への不信、自己への不満だ。自分というものが信じきれないと、しているることに自信が生じず、人にああ言われちゃこう直し、こう言われちゃあっちへ向きで、そんなふうに年中自分を変えていては、とうてい自分を肯定するに至らない。セネカが最も非難するのもそういう、年中することがころころ変っているような連中なのである。

では、自分への信頼を持つために人は何をなすべきか？　前の「人生の短さについて」では、セネカは糧食長官という現職にあるパウリヌスに対してはひたすら閑暇のある生活を求めよと忠告していたが、まだ若くこれから世に出るセレヌスの場合は、それと違った実際的な忠告をする。

具体的な活動をせよ

そういう人生嫌悪に対しては何をしたらいいか、と君は聞くのですか？　そう、それには、アテノドルスが言うように、国家の仕事とか市民の義務とか、そういった何か具体的なことをするのが最善と思います。毎日青空の下でトレーニングして身体を鍛錬する人がいるように——競技者たちにはその時間の大部分を筋力や体力の強化に捧げるのが（それが彼らの唯一の生の目的だから）最も意義あることです——闘争にみちた政治活動のための準備をしている君たちの場合は、身も心もこの課題に捧げるのが一番いいことです。市民や人々の役に立とうとひとたび決心した人には、自分自身の訓練と他人の要求を満たすことが一つになります。彼はあらゆる義務に対処するとともに、それと同じ程度に——彼には今それが可能です——一般的な利益と同時に自分自身の利益を追求するのです。

（「心の落着きについて」3—1）

パウリヌスへの忠告とだいぶ違う。が、いかにもこれから世に出ようとする若者、しかも政治を志す者に対する具体的な、適切な忠告である。公務の遂行と自分の関心事の実現とを一つのことにする、これはまたセネカが多忙な政治生活の中でみずから実行していることでもあったろう。だが、いずれにしろ、一事に専念せよ、いろんなことに気をとられるな、というのがこの忠告の要(かなめ)だ。

同じ忠告は「徒然草」にもある。

されば、一生の中(うち)、むねとあらまほしからん事の中(うち)に、いづれか勝(まさ)るとよく思ひ比べて、第一の事を案じ定めて、その外は思ひ捨てて、一事を励むべし。

(「徒然草」第百八十八段)

自分の生涯にしたいことが数あろうと、その中の何を自分は一番したいかよくよく考えて、何が第一か決ったらそれに専念せよ、他のことすべてが破れてもかまわずその一事にうちこめ、さもないと何一つ実現できないぞ。セネカの言うのもそのことだ。

ただしセネカは何も政治生活が一番だとすすめているわけではない。君のしたいことが学問研究ならばそれでもよく、むしろそのときは君は人生のあらゆる不快から脱して、自分が自分の重荷になることもないだろう。君は多くのすぐれた人を友人にし、徳によって名が顕れるだろう、とも言う。「第一の事」は何であってもいいのである。が、何を為そうとそのことを通じて人間としての徳(道徳的成長)を心掛けることが何よりの大事だ。これさえ磨いているなら、国家の要職にあろうと、また運命によって国務から斥けられようと変りなく、君は徳の力によって人のためになることができる。人を励まし、勇気づけることができる。というここのところは、セネカの文章独自の力強さにあふれ、朗々と誦するに足る。こういう徳の讃美を書くときセネカの文章は絶品だ。

国務から斥けられようと君には君の為すべきことがあるとして、セネカはこう言う。

たとえ一個の私人でも

私人として生くべく強要されたら、弁論家として立つがいい。弁論をも禁じられたら沈黙をもって市民に勇気を贈るがいい。公共の場に登場することさえ危険になったら、家庭的な輪の中で、劇場で、宴会で、良き仲間、忠実なる友、節度のある酒呑みとして自分を示すがいい。市民としての義務をもはや果せなくなった者は、人間としての義務でつとめを果すがいい。我々の大きな心は、ただ一つの都市の防壁の中に自分を閉じこめないで、全世界との交流の中に出てゆき、徳のためにより広い活動圏をつくるために、我々にとっての祖国は全世界であることを知らしめるでしょう。

（「心の落着きについて」4―3・4）

身は宮廷と政務にしばられていても、セネカの心はその枠をはるかに超え、世界人として自由に飛翔していたことのよくわかる文章だ。どうしてセネカが急にこういう、国務から斥けられた場合のことを言いだしたのか、受取人セレヌスはいぶかったかもしれないが、斥けられてもなお人間の義務を果す道はあると宣言するこの迫力には感動しただろう。こういうのがセネカの文章の力なのである。どんなことを扱っていてもそれは読む者に勇気を与える。

そしてわたしがとくにこの「心の落着きについて」の中ですばらしいと思うのは、孤立無援のただ一人の人間になっても、なお人はその存在そのものによって人を勇気づけることができることを説く一節である。

人格の力

なにかそういったことを君は為すべきなのです。もし運命が君を国家における指導的役割から斥けても、それでもなお君はしっかりと立ち、叫びをもって励ますがいい。誰かが君の口をふさいだら、それでもなお立ちつくして、沈黙をもって励ますがいい。一人のよき市民のそういう努力は、決して無駄に終ることはないのです。その声は聞かれ、その姿は見られ、ただその目差(まなざ)しで、その顔つきで、その断乎とした態度で、いやそこに在ることそのものですでに、彼は人を励ますのです。ある種の薬は飲んだり触ったりしなくとも匂いを嗅ぐだけで利くように、徳は遠くからでも、大きな効力を発揮するものなのです。

（「心の落着きについて」4—6・7）

これがどういう状況かはわからない。国家が他国の軍隊に占領され、国民がうち挫かれ、沈黙を強いられている場合かもしれない。暴逆な（たとえばカリグラとかネロのような）絶対君主が悪徳のかぎりを尽して、人々が戦々兢々としているところかもしれない。いずれにしろなにかそういう悲劇的な感じがする状況のようだが、そのときでも一個の義人の存在は、黙っていても人に勇気を与えるというのだ。人間の持つ力をこのように劇的に、みごとに描いた文章をわたしは知らない。

セネカはこのすぐあと、かつてアテナイの都がスパルタ占領軍の下にあったとき（前四〇四年）、三十人の僭主が行った寡頭政治の恐怖を語っている。スパルタ軍はアクロポリスを占領、千数百人の立派な市民が殺され、多くの者が追放され、財産を没収された。その恐怖時代にあっても、ソクラテス一人は、時勢を歎く長老を慰め、国家の前途に絶望する人々を勇気づけ、私財の心配をしている富裕者には、いまさら貪欲の危険を悔いても遅すぎると非難した。彼を見習おうとする人々のためには、三十人の首領の中に自由に入っていって偉大な模範をしめした、と語る。

セネカはこのソクラテスの行為を念頭においてそのような人物を描いたのにちがいない。セネカはこういう、何ものによっても侵されぬ人間の徳の力に憧れていたのである。

そういう人間像を描いたあとだけに、セネカが友情を讃える文章を書くと、その中味がたっぷり詰まっている感じがする。

セネカは若いセレヌスに次第に具体的な、すぐ役に立つ忠告を与え、仕事をするには、まずよく考えねばならぬのは自分自身のことであり、次は仕事、そして仕事の仲間のことだ、と言う。人は自分の実力を買いかぶりがちなものだから、自分の能力はどのくらいかをしっかり見定めねばならぬ。自分には何が出来るか、どういう能力があり、どういう能力がないか。からだが弱いのにきびしい激務を引き受けたり、財産が少ないのに分相応以上の計画を立てたり、気が弱いのにきびしい顔をせねばならぬ職務についたり、頑固な性格なのに宮仕えしたり、そういう自分に不適な仕事をする者は不幸に陥る。

それからまた仕事を共にする人間を選ばねばならぬ。はたしてこれは自分の人生の一部を共にするに値する人間か、彼にはどんな能力があり、信頼しうる人物かどうか、よくよく見極めねばならない。

そう言っておいて、しかし何をおいても真に信頼しうる友人を持つほどの幸福はない、と言うのである。

友情

にもかかわらず、同じようにして心を喜ばせてくれるものは友情——信頼しうる、心からの友情に如くものはない。その心にはいかなる秘密も安全に蔵われ、その人が知っていることは君が自分自身に対すると同じように信頼でき、その人の励ましが君の不安を鎮め、その人の意見が君の計画を推進させ、その人の快活さが君の苦悩をふきとばし、その人を見るだけで心に喜びが湧く、そんな心があるとは、人生にとって何という祝福だろう。

（「心の落着きについて」7—1）

これまたかつて友情について言われた、最も美しい文章の一つだ、とわたしは思う。そのような友を得た人は幸いなる哉。

「閑暇について」

これもセレヌスに与えた手紙である。

グリマル『セネカ』によると、セレヌスは、前の「心の落着きについて」を受け取ったあと、五五年に、セネカのとりなしでローマの夜警隊（常設消防隊と秘密警察の役を果す）の隊長となった。ネロの信頼を得、世間向けには解放奴隷アクテの恋人役を演じて、ネロとアクテとの情事を隠し、アグリッピーナの疑り深い目からネロとアクテをかばう役を果した。彼は最後まで夜警隊長の役職にとどまり、六二年頃（すなわちセネカが引退した年）公式の饗宴の最中にキノコの毒を盛られて死んだ。セネカは彼の子飼いの弟子というべき、この愛し信頼した年下の友人の死をひどく悲しんだ。

セネカはこのセレヌスに「心の落着きについて」（五三／五四年）のほか、「賢者の不動心について」（五五年？）、「閑暇について」（六二年）の三作を与えている。初めの手紙で社会で活動する心構えを教え、第二の手紙で社会にあって勇気を失わない手立てを教え、第三の手紙で閑暇に入ることをすすめる。この後進をよほどに愛し、期待をかけていたのだ。

初めに政治活動に入ることをすすめたセネカが、最後の手紙ではそれを退いて閑暇に入ることをすすめるのだから矛盾している。そこでセレヌスが、あなたは政治に入って義務を果せというストア派の師たちの教えに背いているではないかと責めるのに対し、そんなことはないと答えるところから手紙は始まっている。この手紙は初めの部分が失われていて短いが、国家と世界についてのセネカの考えが非常にはっきりと記されていて、それがまた人を打つ。

閑暇への引退のすすめは、本来エピクロス派のもので、ストア派の要請には反している。ストア派は人生の最後まで活動することをすすめるのだ。ここで、あなたは宗旨替えをしたのかとセレヌスが非難したのだが、それに対しセネカは、ではまず僕がストア派の教えから離れていないことを証明してみよう、と言ってストア派の巨匠の言葉を引いて両派に違いのないことを証明してみせ、エピクロス派もストア派も、それぞれちがう道を通っても人を閑暇のある生へとみちびく点は同じなのだと言う。

エピクロスは言う、「なんらかの理由でそうしなければならぬのでないかぎり、賢者は政治に入ってゆかないだろう」。

これに対しストア派のゼノンは言う、「反対する理由が何もないかぎり、賢者は政治に入ってゆくだろう」。

前者は意図的に閑暇を求めるのに対し、後者はなんらかの原因があってそれを求める。この原因という言葉は重く、国家がどうしようもなく腐敗しているとか、僭主が悪事をほしいままにしている時とか、そういうことをもさしているのだ、とセネカは言う。

わたしはこの点でもセネカと「論語」が共通しているのを思いだし、古代人の考えに東西の違いがないことに驚く。

君子なるかな蘧伯玉。邦、道あるときは則ち仕え、邦、道なきときは則ち巻いてこれを懐にす。

（「論語」衛霊公七）

邦に正しい政治が行われているときは出て仕えるが、乱れているときは時の政治にあずからず、さっさと隠れてしまうと言うのだ。これを巻懐の人と言う。

セネカはさらに、たとえ隠れて住み、閑暇の生活に入っても、なお賢者は人のためになることを行えると付け加えて、言う。

人のために尽せ

言うまでもなく人間は人のために役立つことを求められている。もし可能ならなるべく多くの人に。それが出来ぬなら少数者に。それも出来ぬなら身近な人々に。それも出来ぬなら自分自身に。なぜなら、人は自分が他人のために役立つ人間であることを示すとき、公共の利益のために行動しているからです。

（「閑暇について」３－５）

セネカの言う閑暇の生活とは、独居して好きなことをして楽しみ、己れひとりの生活に入ることを意味するのではなかった。セネカ自身の隠遁生活が、いかに活発な精神活動によって充たされていたかは、すでに「道徳についてのルキリウスへの手紙」の中で見たとおりだ。セレヌスに政治活動をうながす初めの手紙「心の落着きについて」の中に、国務から斥けられても人間としての義務を果せ、果す道はいろいろある、という勇気づける文章があったが、ここでもセネカは同じ主張を堂々と展開している。徳を志し、自分をつねにより善い者にする人間は、自分が生れた祖国を越えて人類の役に立つという、これもまた人に勇気を与える大文章だから、少々長いが全部を紹介することにする。

祖国よりも大きな国家のために

まず心の中に二つの国家を思い浮べてみようではないか。その一つは大きく、真の意味で一般的で、中に神々と人間とをふくみ、我々はこっちの隅だの、あっちの隅だのに跼蹐（きょくせき）する必要なく、我々の国境は太陽によって定められる。もう一つは、出生の偶然が我々をそこに結びつけた国家で、アテナイの国家だの、カルタゴの国家だの、そのほかのなんらかの国家だの、すべての人間にではなく、特定の人間に属する国家です。そして同時にこの二つの国家のどちらにも、大きいのにも小さいのにも尽す人もいれば、小さいものにだけ、あるいは大きいものにだけ尽す者もいる。
この大きい方の国家のためなら我々は閑暇の中にあっても十分に尽すことができるのです――いや、もしかすると閑暇の中でこそ、かえってよりよく尽すことができるかもしれません。その中で我々は、徳とは何か、それは一つか、あるいは幾つもあるのか、人間を善くするものは自然か、それとも知か、などの思索に専念できるからです。

(「閑暇について」4―1・2)

セネカがこの時期こういう国家観をもって生きていたことは、彼を愛する我々にとっても救いである。彼はカルタゴだのアテナイだのと言っているが、彼の仕える大ローマ帝国といえどもこの宇宙的国家にくらべれば小国家にすぎないのは当り前だ。ましてネロの如き、弟を殺し、母を殺し、遊興に耽(ふけ)り、俳優を気取って生きる悪徳の皇帝に仕える身として、その宮廷が自分の世界の全部であってはあまりに情ないだろう。セネカがその中にあって心のうちにこういう全人類的国家、宇宙的国家を思い浮べて、そこに生きていたと想像するのは、わたしにとっても救いである。
そういう国家観を胸に抱いて、人間は人間のために尽すことを求められている。できれば多数者に、さもなければ少数者に、それも出来ぬなら自分自身に、という義務を自分に言いきかせていたのがセネカなのだ。そしてその最後の自分のためにとは、自分をより善い人間にすること、徳を知り、それを実行することであって、徳とはたとえ一人でいても顕れぬことはない、その目差し一つ、その顔つき一つで、人を勇気づけることができるのだと、セネカは考えていたのだ。

それにしても、彼が宮廷と政界に入った四九年に、多忙な人間ほどよく生きない者はないと、閑暇ある生をすすめる「人生の短さについて」を書き、そこから出て隠棲生活に入る六二年に、今度は「閑暇について」を書いて、その中では閑暇そのものを論じるより二つの国家と、人間の義務について論じているとは、平仄（ひょうそく）に合ったことなのかどうか、ともかく面白いことだ。

「神意について」

なぜなんらかの災厄が徳ある人々に起るのか、神意があるにもかかわらず。

これはルキリウスあての手紙の体裁で書かれている。題名とともに右に記した疑問がわざわざ付されていることからも、これが善を求める徳ある人になぜ災厄が起るのかという、神の意志に対する疑問を解くために書かれたことがわかる。結論を先に言えば、災厄、困難、不幸、辛苦が徳ある人間に下されることは、その人のためにも全人類のためにもなることなのだ。なぜならそれは神の与えた試練であって、試練を経て人はいかなる偶然（運命）にも動ぜず、すべてを自己の徳の支配下に置く境地に至ることができるからだと、そのことをセネカは論文全体で証明するわけである。

が、晩年（六三年）の作品と言われるこれが、わざわざそのような問いを発して書かれたところに、わたしは何か不吉なもの、災厄の襲来をセネカが予感して（それはむろんネロから発せられるなんらかの命令に関りがある）、みずからに言いきかせるために書いたような気がしてならない。論文全体の調子も厳粛の気に満ち、「道徳についてのルキリウスへの手紙」のくだけた調子とは一変して、幸福感とはちがう緊張した気分がある。

が、それだけにまた、なんらかの災厄に我々が見舞われたときに、それに対処するにはこのような覚悟でいればよいのかと、模範を示し与えてくれているのである。

初めに、神は全宇宙をくまなく支配し、全宇宙に満ちているものゆえ、むろんそれは人間の内にもある。神と人間とは近親関係にある。相似形だと言ってもよい。人間の中にある神性は、神＝理性＝ロゴスの種子であり「種子的理性」である。神はそれを強く育てるために試練を与えるのだ、というストア哲学の考えが示される。神はそれゆえに、父がわが子を育てるように、善き人を甘やかさず、試し、鍛え、自分に似た者に形作ってゆくのだ、とセネカは言う。

試練

神は善き人々に対しては父親の立場をとって、愛するにも厳しさをもってし、「骨折りと苦痛と喪失を与えて、彼らを安閑とさせないでおくがいい、彼らが真の力を獲得するように」と言う。怠惰な快適さの中で肥満した者はたるんでいて、労苦に堪えぬばかりか動作も鈍く、自分の重量のために何の役にも立たないからです。

何の妨げにも遭わなかった幸福は、どんな一撃にも堪えられません。だが、絶えず自分の障害と戦って来た者は、不快なことを通じて胼胝(たこ)ができて、どんな苦境をも逃れず、たとえ地面に倒されても、膝で立って戦いつづけるのです。

（「神意について」2―2）

つまりすべての災厄を試練ととれば、一見災厄と見えることも災厄ではなくなる。それは自分を鍛えるために神が与えた試練と思えば、不幸を歎くのでなくそれと戦うのが、強い精神のしるしになる。これに対し、生れてからずっと安全と飽食と快適の中でばかり過して来た者は、今の日本でもそういう人をよく見かけるが、ぶよぶよと肥満し、動くことさえ自由でなく、寒暑への抵抗力もなく、ともかく運命の打撃に対して弱い。

わたしはつねに人はゼロから出発せよと言っているが、これは現代生活の快適と便利、物の過剰、安全の保障、食に困らない状態の中で生れ育ったままでは、鍛えられる折がなく、軟弱なまま大人になってしまうからだ。そういう中だけで育った若者が、何の為に生きているかわからない、何をしたいのかもわからない、などと言うに至るのだ。

そうならないために為すべきことはただ一つ、それらが与えられる以前のゼロの状態に身を置いてみるのが一番いいのである。

良寛は出雲崎(いずもざき)の名主の家に生れ、そのまま家を継げば裕福で安楽な暮しが約束されていたのに、その家を棄て仏道修行者となった。修行したあともどこかの寺の住職になることもせず、生涯を一所不住、托鉢で生きる乞食僧として送った。

　草庵に住み、乞食で得た米を食い、およそ所有物のないところに生きた。これこそ身をつねにゼロに置く修行の姿だった。ゼロに身を置くから、与えられた一鉢の米にも感謝する。寒さに無防備な草庵の冬に耐えるから、春の訪れをどんな人よりも楽しく感じる。万事がそうで、ゼロにいる者にとってはほんの僅かのプラスでもありがたくなる。

　我々は良寛の真似はとてもできないが、せめて飽食をやめて腹が空くのを待って食うとか、暑さ寒さに堪えるとか、快楽を追わないとか、それくらいのことは出来る。現代日本で身をゼロに置くのは容易ではないが、心掛け次第では出来るのだ。

　セネカの言う試練はそんな生やさしいものではないが、失業、解雇、破産といった試練は現代日本にもある。そういう運命の与える災難に対して挫けない心を作るには、やはりふだんから心を練っておかねばならないのである。心を練り、覚悟を作ることを、昔は修養とか鍛練と言ったが、セネカもまた、若者よ今からからだと心を鍛えておけ、苦難や不幸の来襲を試練と思って、それに負けぬ強い心を作っておけ、と言うのだ。

　セネカはあらゆる試練に堪えぬいて苦を苦とも思わなくなった人こそ、大人物だと言う。大人物を作り、鍛えるのは苦難である。だから苦難に遭わない人は不幸だ、というパラドックスがそこに生れるのだ。

パラドックス

幸運は大衆にもつまらぬ人々にも下りますが、しかし不幸や死すべき者としての恐怖に打ち克つのは、偉大な人物にしかできぬことです。つねに幸福であって、苦痛もなく人生を過してしまうのは、自然の他の面を知らぬということです。（略）

同じ意味で僕は、もし徳ある人が、自分の心の力を示すべき困難な出来事に出会う機会が与えられないでいたら、その人に向かって言うでしょう、「僕はあなたを不幸だと思う、一度も不幸な目に遭ったことがないからだ。あなたはこれまでずっと敵対者もなく人生を渡って来たから、あなたに何が出来るか、誰一人知らないでしょう。おそらくあなた自身でさえも」と。つまり自分自身を知るためにも、試練に遭うことが必要なのです。一人一人が何を出来るかは、試練を経ることによって以外には知りようがないのです。

（「神意について」4−1〜3）

過去五十年間の日本にはずっと、苦労も我慢もいらない、楽で波風も立たぬ安楽な人生を送ることが幸福なのだ、という風潮が支配して来た。親は子に苦労をさせまいとし、世に出て楽なように無理してでも子を大学にまでゆかせる。いい勤め先を得させて、生涯を保証されるのが一番の人生とされてきた。終身雇傭、年功序列の日本型経営方針はそれにうってつけだった。

そういう苦労を知らぬ、世の辛酸を舐めたこともない世代が、四十、五十になったとき、世は大変りし、やれ不況だ、やれリストラだ、やれローン破産だという嵐が吹いて、あわてふためいているのが現状だろう。今はホームレスが何万人、自殺者が年に三万人というけれども、昔のさんざん苦労をしてきた親たちの世代だったら、いくら貧乏になっても、こうも脆く崩れはしなかっただろうとわたしは思わずにいられない。わたしたちの世代は一九四五年の敗戦前後の日本の大窮乏（住宅難、食糧難、就職難）を体験しているから、ちっとやそっとのことでは挫けない自信がある。

だからセネカが、苦難に遭わなかった人に向かって「あなたは不幸な人だ」と言うのは、本当はパラドックスでも何でもない、至極もっともなことなのである。

子に楽をさせるな

美食は避けよ、人間をだらけさせてしまうような軟弱な幸福を避けよ。人間の運命を思い起させるようなことが何一つ起らないなら、人はいつも酔生夢死*の状態でぼうっとしたままです。つねに窓ガラスで隙間風から守られている人、両脚を何度でも取り替える温クッションで温められている人、食堂は、床も壁も循環式熱風で温められている人――こんな人はほんの軽い風の一吹きでも危険に陥ってしまうでしょう。

限度を越えたものはすべて害がありますが、わけても特に危険なのは幸福の過剰です。それは脳を刺戟し、心を埒もない空想に誘い、正邪の境に濃い霧をひろげる。それならばいっそ、心の抵抗力の助けによって絶え間のない不幸に堪えた方が、限度を知らぬ幸福で張り裂けてしまうより、どんなにいいかしれないではありませんか？　満腹して腹がはじけて死ぬより、飢餓による死の方が楽です。

（「神意について」4－9・10）

あえて無事な安楽を避け、粗食と、寒暑に無防備な住居を体験させるのは、昔から人間の知恵であった。武士の子でも町人、百姓、職人の子でも、江戸時代の親たちは、子に飽食も美食も許さず、粗食に堪えることを学ばせ、衣類は質素な木綿に限り、冬は手あぶり程度のものですまさせ、夏は暑さに文句を言わせなかった。

イギリスの上流階級も同じ教育方針だったことが、池田潔（いけだきよし）『自由と規律』（岩波新書）によってわかる。彼らは子供たちをよき人間に育てようとするときは、パブリック・スクールに入れるのがつねだったが、ここでの教育と生活というのが、まさにセネカの言う「贅沢は避けよ」だった。

みな裕福な家庭で安楽に暮して来た子弟は、寮に入ったとたんおそるべき窮乏生活を強いられた。食事はまずい上に量が少なく、しかも毎日はげしいスポーツを強制させられるからつねに空腹に苦しむ。部屋は冬でも窓をあけ、ふとんは毛布一枚である。そういうきびしい耐乏生活を卒業までつづけさせられるのだ。

初めそれはまさに地獄だが、やがてそれに慣れるにつれ、その中でしか味わえぬ楽しみがあることを知る。セネカが、空腹なら粗末なパンでも美味になると言ったのと同じことを、この粗食・小食によって知るのだ。著者池田氏は、文中小泉信三（こいずみしんぞう）のこういう言葉を引用している。

「生徒は多く裕福な家の子弟であるから右のやうな欠乏が経済的必要から来たものでないことは明かである。食物量の制限は思春期の少年の飽食を不可とする考慮に出たといふ説もきいたことがある。何れにしても何事も少年等のほしいままにはさせぬことは、自由を尊ぶイギリスの学校としてわれわれの意外とすべきものが多い。しかし、ここに長い年月の経験と考慮とが費されてゐることを思はねばなるまい。」

まったくこれを読むたびにわたしは、ここ五十年の日本の親の子供への躾（しつけ）と教育とを思わずにいられない。腹が空いたと言えばすぐ食い物を与え、新しい玩具がほしいと言えば買い与え、万事子供の欲望を充たしてやることを善として、堪えること、我慢することの必要を教えなかった。かくて欲望を抑えることを知らぬ子供たちばかりが増えてしまったのだ。そのことの子供らの生育に与える害は今は問わないとして、精神の保ち方に与えた害は、はかり知れない。現在の小中高生の、十分と坐っていられない子、うろつき歩く子、先生の話を注意して聞けない子らの続出は、もはや教育の崩壊と言っていいが、それはとりも直さずその子らの心の崩壊なのである。

その点イギリスのパブリック・スクールの教育者たち、そこに子供を入れた親たちは、いかに賢明であったか。小泉信三はさらに言う。

「かく厳格なる教育が、それによつて期するところは何であるか。それは正邪の観念を明にし、正を正とし邪を邪としてはばからぬ道徳的勇気を養ひ、各人がかかる勇気を持つところにそこに始めて真の自由の保障がある所以を教へることに在ると思ふ。」

これもまたセネカが、軟弱で贅沢な暮しは、「心を埒もない空想に誘い、正邪の境に濃い霧をひろげる」と言っていることのまさに反対を、パブリック・スクールの窮乏生活は教えようとしている。二千年前も現代も、子供の教育の正しい道に変りはなかったのである。子供に欲望の充足と安楽を与えるのを善だとした、過去五十年の大方の日本の親たちの教育観は、完全な間違いだったのだ。

前に「道徳についてのルキリウスへの手紙」で読んだように、セネカは、人間はもともと神（自然）によって徳の畑と種子を与えられていて、人はみなその種子を成長させるために生れてきたのだ、と考える。その徳というのは、正しいこと、善いことを行おうとする意志だ。人間は外（運命）からさまざまのひどい目に遭わされるが、運命といえどもその徳だけは奪うことができない。その正しい、善い、大きな心こそ人間が何によっても奪われぬ、彼だけのもので、これは人間の身体に宿る神という以外に呼びようがない、と言う。

その徳は、しかし、欲望（快楽を求める性向）を甘やかしては得られない。欲望が求めるものはすべて心の中でなく外にあるからだ。うまい食い物、ブランド品、流行の品々、外国旅行、快適な暮し、収入、名声、評判、等々、いくらでも挙げられるが、そういう外物を求めるかぎり心は外物に支配され、自分自身だけでなく、自由を失う。だから真の幸福を得られない。

そうではなくて、外に求めることを最も少なくし、みずからの心だけで充実する道を求めるがよい、とセネカはすすめるのだ。求むることの最も少ない者が、困窮することの最も少ない者だ、足るを知る者は、望むものをすべて得る、と。

そうやって幸福とは自分の心にしかないと知るにつれ、人は自分自身に親しみ、自分を信頼し、愛し、誇りに思うようになる。すなわちもはやいかなる外物によっても奪われぬ心の安らぎを得る。自分を全肯定することができるようになったとき、人は全き善に達し、真の幸福に至る、とセネカは言うのである。

＊　窓ガラスはセネカの時代の新しい発明だった。

おわりに――現代人にとってセネカとは何か？

わたしにとってのセネカ

わたしはセネカを読み出して以来、どうしてこんな面白いものが今まで日本ではほとんど読まれなかったのだろうと、まずそのことをいぶかった。

初めの「まえがき」で言ったように、セネカは岩波文庫に二冊あるほかは、いわゆる学術書の、入手も困難ならひどく高価でもある出版物があるだけで、およそ出版界で話題になることはない。岩波文庫の『人生の短さについて』は、これだけはかなり読まれているようだが（わたしの所持する一九九三年版で第二十五刷）、正直に言ってこれは決して読みよい訳ではないし、明らかな誤訳も多い。わたしはやむなくドイツ語訳を取り寄せて読み、それで初めてセネカがすっきりした。

これはおそらく、セネカの社会への浸透度が、日本とドイツではまるで違うせいであろう。ドイツでは（フランスでも英国でも同じだろうが）セネカは昔からずっと生きつづけてきたのに対し、日本では（アメリカもそうか？）セネカは死んだままなのだ。根づかなかったのだ。

わたしが今回セネカを紹介するについて、何より原文の紹介をと心掛けたのは、それを知ってもらうことがセネカの魅力を知る一番の道だと思ったからだ。本当は全部を読んでもらうに越したことはないのだけれども、せめてそのさわりのところだけでも知ることは、まるで知らないのとは大きな違いだ。

セネカの説くところはまっとうな道徳論で、人間いかに生くべきかの問題に真正面から取組んでいるのだが、そこに出て来る徳（道徳的完全さ）という観念なども、決していわゆる道徳臭がなく、そういうものに向かって突き進んでゆこうという意気込みが迫ってくるので、素直に受け入れることができた。わたし自身が平生（へいぜい）やはり「人間いかに生くべきか」を関心事の中心に据えて、考えたり書いたりしていることもあって、わたしにとってセネカはまさにぴったりの先行者であった。二千年前に生きた人の文章が、二千年後の自分にかくも力強く働きかけることに、わたしは感激した。

セネカは自然に従って生きよと言う。この「自然」は、欲望や快楽によって作られている人間界の常識と対立するもので、自然に従って生きることは理性に従って生きることだ、とも言う。自然はしばしばセネカにとって神と同じものを指すようである。だから人間の内にある自然は、神性のかけらであり、宇宙全体の神性と同質のものであって、それを理性と呼んでいるのだ、とわたしは解した。

これは中国唐代の禅匠の語録や、鈴木大拙の説く禅の本に親しんでいるわたしには、なじみの考え方であった。禅もまた、宇宙全体にある仏性と、人間にある仏性とは「即心是仏」で、同質のものと説く。仏は自分の中にいるのだ。自分を磨いて仏性を輝かせることが仏の実現なのである。

その心を磨き修行することが、セネカでは徳の追求ということにあたる。それは偶然（運命）のもたらすものに頼らず、悩まず、喜ばず、自分の心の実現したものだけを楽しむということだ。欲望は外物を求めるものだから、人間の自由を奪う。人間が完全に自由に生きるには、これだけは何物にも奪われず、支配されない心（精神）を働かせ、それのもたらすものだけを信じ、たのしみ、それを生きるよろこびとしなければならない。これは自分が自分に充足して生きることである。自分を信じ、愛し、自足して生きること、自分を全肯定することである。セネカはそういう心の状態を、手を替え品を替えて説く。

そのときセネカは、彼が現実のローマ社会で見ている悪徳の数々（悪徳とは欲望や快楽に従って生きることだ）を、まことに具体的に一つ一つ描いてみせた上で、それと反対のところにある徳のある生き方を説くから、説得力がある。抽象論だけだったら、わたしはおそらくセネカにこうも全面的に入れ込むには至らなかっただろう。セネカの文章の力は、現実のローマ社会に生きる人々の生態の描写によるところが大きいと言っていい。

とくに「幸福な人生について」で、長々と快楽の実態と害を説いたあと、一転してうたうように「徳への祈り」を書くところが、全作品の中でも圧巻だ。徳の項目の一つ一つを挙げてゆくのに、読む者をして少しも飽かせないのだから大したものだが、これも第六章から第十五章まで延々と快楽の実態を描き出したあとなればこそだ。そしてこの「徳への祈り」とわたしが勝手に名付けた文章は、徳について具体的に描いた稀有の文章と思う。

現代日本人にとってのセネカ

どうもこういうことをまた繰り返し言わねばならないのは気が重いけれども、やはりこれを言わねばならない。それは現代日本では道徳性が完全に欠落しているということだ。つい最近の事件でも、外務省の役人が途方もない額の裏金を作っておいて、庁内で流用するのが慣わしであったと判明しても恬としてそれを恥じる風がない。恥じないばかりか、誰かが責任をとって詫びたという話も聞かず、幾人かが司直の手にかかっただけで終ってしまった。これなぞ現代日本の役人に、恥の意識も、悪いことをしたという自覚もない、すなわち道徳の欠けていることの端的なあらわれであった。

政治家に至っては、献金と称する賄賂をもらってない者を探す方が難しいくらいで、次から次へ不祥事が摘発されるのに一向にそれがなくならない。ここにもまた、あるのは司直の者に見つからなければいい、という利得の追求ばかりだ。

経済界でも事情は同じで、総会屋に金を出すのは悪事だとわかっていても、どの会社もがやっているとなればどこでもそれをやりつづける。大蔵省の高官から情報を得る慣習があれば、どの銀行もがそれ専門の者に役人を接待させる。接待された役人の側でもそれを当り前としている。どちらの側にも道徳的観点に立って事の善悪を判断し、悪事はしない、という意識はない。

狂牛病事件のとき、政府の買い上げ制度を悪用して牛肉をすりかえて利得をはかった会社は、一社や二社でない。肉を扱うところのほとんどが平気でやっていたふうで、これまた経済人にも自社の利益をはかるのを善とするエゴイズムしかないことを露呈したのだった。

そういう事件は拾い出していったらキリがない。世間知らずのわたしの耳にさえ聞えてくるくらいだから、実情はもっとすさまじいに違いない。

年齢を考えれば、政治家、役人、経済人も、みな五十代、六十代の働き盛りの世代である。そういう社会の中心を担う世代において、かくも道徳観念がないとは、彼らはまったく道徳教育も受けず、道徳観を養うこともせずに成長してきた世代だと考えるしかないのだ。それはちょうど日本の高度経済成長の時代に重なる。あのころの日本はGNPだの、GDPだのと、国を挙げて金銭のことばかり重視し、会社は会社で自社の売上高の伸びることのみを最大の関心事としていた。すべてが金額や数字ではかれる価値にしか目がゆかぬ時代だった。バブルの頃の土地売買の狂奔にいたっては何を言う気にもならない。

つまりそういう、利益だけが価値である時代のさなかでずっと生きてきたために、彼らに事の正邪、善悪をまず考える心が養われなかったのだろうと、わたしは推測する。

　教育の現場でも、修身とか道徳とかは、その言葉自体が忌み嫌われ、物事をまず善か悪か、これは正しいか間違っているかという観点から見る心の習慣を養わなかった。我慢とか、辛抱、忍耐、節制、克己、努力、訓練、秩序、規律、約束事を守るといった徳は、すべて封建時代の遺物のように言われ、教えられなかった。そのかわりに行われたのが、自分の好きにしてなにが悪い、という考え方である。規律なくして自由なし、努力なくして向上なし、という当り前のことが、学校教育で教えられなかった。

　これみな戦後五十年余、アメリカ輸入のデモクラシーを、自由放任とのみ解し、それが本来は秩序や規律の順守と対になっていることを重視しなかったせいだ。その結果いまや日本は世界でも珍しいくらい道徳律のない国になってしまっている。事の正邪・是非・善悪をはかる共有の価値観が、なくなってしまったままなのである。これでは人間を人間たらしめる心の柱がないまま生きているようなものだ。

　政治家は、世間でそのことが問題になると、すぐ戦前の「教育勅語」を復活させよと言いだすだけで、むろん彼らには新しい倫理綱領を創り出す能力などない。

　が、いまの日本に、そういう道徳的退廃を憂える声が少しずつ起ってきていることは、これまた事実であって、わたしは新聞の投書などでそういう声を読むと、ここに日本の希望あり、とうれしくなる。たしかに、五十年かけて戦前の価値観を徹底してぶち壊してしまっただけで、それに代る新しい価値観を日本は創り出してこなかったのだから、ここへ来てそれを求める声が上がりだしたのは、時期から言って当然なのだ。

わたしは先に「論語」を読む本を出し、今度セネカを読む本を書いて、二千年前の古代中国社会や、ローマ社会に、こういう道徳観があった、「徳」という観念がたしかにあり、それを求め実行するのが人間の道なのだという教えがあったことに、古代社会は心の問題では現代よりはるかにすぐれていたの感を新たにした。道徳という、目に見えない心の面の修養という点で、古代人の方がずっと高尚な、しっかりした考えを持っていたのだ、と思わざるを得ない。

「論語」でもそうだったが、このセネカでも、その思想の全部が現代にそのまま役立つとは思えない。セネカで言えば、「恩恵について」という思想は、当時のローマ社会に特有の有力者とそれに頼る人という人間関係の上に初めて成り立つものだから、それをそのまま現代に通用させることはできない。また「怒りについて」の怒りの徹底した考察も、ローマ時代の限度をこえて暴逆だったカリグラやネロなどという皇帝や、時代のはげしい気性を前提にしての思索で、これもそのままでは今に通用させられない。

そういうことはあるのだが、セネカが人間を支える柱としている「徳」(道徳的完成)という考えは、その徳の中味とともに、今も同じく人間の精神の柱とすべきものだと思われる。わたしとしてはこのセネカ案内が、これから日本人の為すべき新しい道徳の建設のために、少しでも役立てばと願うだけである。

日本語文献

セネカ／茂手木元蔵訳『道徳論集』東海大学出版会
セネカ／茂手木元蔵訳『道徳書簡集』東海大学出版会
セネカ／茂手木元蔵訳『人生の短さについて』岩波文庫
セネカ／茂手木元蔵訳『怒りについて』岩波文庫

*

キケロー／中務哲郎，高橋宏幸訳『キケロー選集』9，岩波書店
タキトゥス／国原吉之助訳『年代記』上・下，岩波文庫
スエトニウス／国原吉之助訳『ローマ皇帝伝』上・下，岩波文庫
プルターク／河野与一訳『プルターク英雄伝』1–12，岩波文庫
エピクテートス／鹿野治助訳『人生談義』上・下，岩波文庫
プルタルコス／柳沼重剛編訳『食卓歓談集』岩波文庫
アテナイオス／柳沼重剛編訳『食卓の賢人たち』岩波文庫
ディオゲネス・ラエルティオス／加来彰俊訳『ギリシア哲学者列伝』上・中・下，岩波文庫
塩野七生『ローマ人の物語』1–11，新潮社
ピエール・グリマル『セネカ』文庫クセジュ，白水社
茂手木元蔵『セネカ入門——セネカと私』東海大学出版会
モンタネッリ／藤沢道郎訳『ローマの歴史』中公文庫

*

モンテーニュ／原二郎訳『エセー』1–6，岩波文庫
植田重雄，加藤智見訳『シレジウス瞑想詩集』上・下，岩波文庫
中村元，早島鏡正，紀野一義訳註『浄土三部経』上・下，岩波文庫
源信／石田瑞麿訳注『往生要集』上・下，岩波文庫
道元／水野弥穂子校注『正法眼蔵』1–4，岩波文庫
兼好／西尾実，安良岡康作校注『徒然草』岩波文庫
池田潔『自由と規律——イギリスの学校生活』岩波新書
木下順二『ドラマとの対話』講談社

参考文献

ドイツ語文献

SENECA, *Werke. Philosophische Schriften,* 5 Bde, Lateinisch / Deutsch (Darmstadt: Wissenschaftliche Buchgesellschaft)

SENECA, *Epistulae morales ad Lucilium/Briefe an Lucilius über Ethik,* 17 Bde, Lateinisch/Deutsch (Stuttgart: Philipp Reclam jun.)

SENECA, *De vita beata/Vom glücklichen Leben* (Stuttgart: Philipp Reclam jun.)

SENECA, *Ad Helviam matrem de consolatione/Trostschrift an die Mutter Helvia* (Stuttgart: Philipp Reclam jun.)

SENECA, *De otio/Über die Muße/De providentia/ Über die Vorsehung* (Stuttgart: Philipp Reclam jun.)

SENECA, *De brevitate vitae/Von der Kürze des Lebens* (Stuttgart: Philipp Reclam jun.)

SENECA, *De clementia/ Über die Güte* (Stuttgart: Philipp Reclam jun.)

SENECA, *Von der Seelenruhe: Philosophische Schriften und Briefe* (Frankfurt: Insel)

SENECA & SCHOECK, Gerhard, *Seneca für Manager* (Frankfurt: Insel)

SENECA, *Vom glückseligen Leben: Auswahl aus seinen Shriften* (Kröner)

MAURACH, Gregor, *Seneca: Leben und Werk* (Darmstadt: Wissenschaftliche Buchgesellschaft)

Epikur, *Briefe, Sprüche, Werkfragmente,* Griechisch/Deutsch (Stuttgart: Philipp Reclam jun.)

Epikur, *Philosophie der Freude* (Frankfurt: Insel)

Epikur, *Wege zum Glück* (Artemis)

Epiktet, *Wege zum Glücklichen Handeln* (Frankfurt: Insel)

Epiktet, *Handbüchlein der Moral,* Griechisch/Deutsch (Stuttgart: Philipp Reclam jun.)

本書の原本は二〇〇三年、岩波書店から刊行されました。

中野孝次（なかの　こうじ）

1925-2004。千葉県生まれ。東京大学文学部卒，國學院大學教授。作家，評論家。『実朝考』『ブリューゲルへの旅』『麦熟るる日に』『ハラスのいた日々』『清貧の思想』『暗殺者』『いまを生きる知恵』『中野孝次作品』（全10巻）など著作多数。

定価はカバーに表示してあります。

ローマの哲人　セネカの言葉

中野孝次

2020年7月8日　第1刷発行

発行者　渡瀬昌彦
発行所　株式会社講談社
東京都文京区音羽 2-12-21 〒112-8001
電話　編集（03）5395-3512
販売（03）5395-4415
業務（03）5395-3615
装　幀　蟹江征治
印　刷　豊国印刷株式会社
製　本　株式会社国宝社
本文データ制作　講談社デジタル製作

ISBN978-4-06-520052-0

「講談社学術文庫」の刊行に当たって

これは、学術をポケットに入れることをモットーとして生まれた文庫である。学術は少年の心を養い、成年の心を満たす。その学術がポケットにはいる形で、万人のものになることは、生涯教育をうたう現代の理想である。

こうした考え方は、学術を巨大な城のように見る世間の常識に反するかもしれない。また、一部の人たちからは、学術の権威をおとすものと非難されるかもしれない。しかし、それはいずれも学術の新しい在り方を解しないものといわざるをえない。

学術は、まず魔術への挑戦から始まった。やがて、いわゆる常識をつぎつぎに改めていった。学術の権威は、幾百年、幾千年にわたる、苦しい戦いの成果である。こうしてきずきあげられた城が、一見して近づきがたいものにうつるのは、そのためである。しかし、学術の権威を、その形の上だけで判断してはならない。その生成のあとをかえりみれば、その根は常に人々の生活の中にあった。学術が大きな力たりうるのはそのためであって、生活をはなれた学術は、どこにもない。

開かれた社会といわれる現代にとって、これはまったく自明である。生活と学術との間に、もし距離があるとすれば、何をおいてもこれを埋めねばならない。もしこの距離が形の上の迷信からきているとすれば、その迷信をうち破らねばならぬ。

学術文庫は、内外の迷信を打破し、学術のために新しい天地をひらく意図をもって生まれた。文庫という小さい形と、学術という壮大な城とが、完全に両立するためには、なおいくらかの時を必要とするであろう。しかし、学術をポケットにした社会が、人間の生活にとってより豊かな社会であることは、たしかである。そうした社会の実現のために、文庫の世界に新しいジャンルを加えることができれば幸いである。

一九七六年六月

野間省一

大学

宇野哲人全訳注（解説・宇野精一）

修己治人、すなわち自己を修練してはじめてよく人を治め得る、とする儒教の政治目的を最もよく組織的に論述した経典。修身・斉家・治国・平天下は真の学問の修得を志す者の熟読玩味すべき哲理である。

594

中庸

宇野哲人全訳注（解説・宇野精一）

人間の本性は天が授けたもので、それを〝誠〟で表し、「誠とは天の道なり、これを誠にするのは人の道なり」という倫理道徳の主眼を、首尾一貫、渾然たる哲学体系にまで高め得た、儒教第一の経典の注釈書。

595

五輪書

宮本武蔵著／鎌田茂雄全訳注

一切の甘えを切り捨て、ひたすら剣に生きた二天一流の達人宮本武蔵。彼の遺した『五輪書』は、時代を超えて我々に真の生き方を教える。絶対不敗の武芸者武蔵の兵法の奥儀と人生観を原文をもとに平易に解説。

735

菜根譚

洪自誠著／中村璋八・石川力山訳注

儒仏道の三教を修めた洪自誠の人生指南の書。菜根とは粗末な食事のこと。そういう逆境に耐えてこそこの世を生きぬく真の意味がある。人生の円熟した境地、老獪極まりない処世の極意などを縦横に説く。

742

西洋哲学史

今道友信著

西洋思想の流れを人物中心に描いた哲学通史。古代ギリシアに始まり、中世・近世・近代・現代に至る西洋の哲人たちは、人間の魂の世話の仕方をいかに主張したか。初心者のために書き下ろした興味深い入門書。

787

影の現象学

河合隼雄著（解説・遠藤周作）

意識を裏切る無意識の深層をユング心理学の視点から掘り下げ、新しい光を投げかける。心の影の自覚は人間関係の問題を考える上でも重要である。心の影の世界を鋭く探究した、いま必読の深遠なる名著。

811

哲学・思想・心理

諸子百家
浅野裕一著

春秋・戦国を彩る思想家たちの才智と戦略。戦乱の世に自らの構想を実現すべく諸国を遊説した諸子百家。利己と快楽優先を説いた楊朱、精緻な論理で存在の実体を問う公孫龍から老子、孔子までその実像に迫る。

1684

呂氏春秋
町田三郎著

秦の宰相、呂不韋(りょふい)が作らせた人事教訓の書。始皇帝の宰相、呂不韋と賓客三千人が編集した『呂氏春秋』は天地万物古今の事を備えた大作。天道と自然に従い人間行動を指示した内容は中国の英知を今日に伝える。

1692

君あり、故に我あり　依存の宣言
S・クマール著／尾関　修・尾関沢人訳

平和への世界巡礼で名高い英国思想家の名著。懐疑・自我の確立・二元論的世界観。デカルト以降の近代思想は対立を助長した。分離する哲学から関係をみる哲学へ。ひたすら平和を願い、新しい世界観を提示する。

1706

戦国策
近藤光男著

前漢末、皇帝の書庫にあった国策、国事等の竹簡を校定し編まれた『戦国策』。陰謀渦巻く一方、壮士・将軍・能臣が活躍、賢后・寵姫が微笑む擾乱の世を、人物編・術策編・弁説編の三編百章にわけて描出。

1709

東洋のこころ
中村　元著

東洋人の心性を育み、支えてきたものとは？　人心の荒廃が叫ばれる今こそ、我々の精神生活の基盤＝東洋のこころを省みることが肝要である。比較思想的な観点を踏まえ、碩学が多角的に説く東洋の伝統的思想。

1741

マルクス・アウレリウス「自省録」
マルクス・アウレリウス著／鈴木照雄訳

ローマ皇帝マルクス・アウレリウスはストア派の哲学者でもあった。合理的存在論に与する精神構造を持つ一方、文章全体に漂う硬質の色を帯びる無常観。哲人皇帝マルクスの心の軋みに耳を澄ます。

1749

夏目漱石著 漱石人生論集

夏目漱石の屈指の読み手、作家の出久根達郎氏が随筆、評論、講演、書簡から編んだ、今も新鮮な漱石の「生き方のエッセンス」。人生を凝視し、人生の意義を見いだすべく苦闘した文豪の知恵と信念とに満ちた一冊。

2327

勝 小吉著／勝部真長編 夢酔独言

「おれほどの馬鹿な者は世の中にもあんまり有るまい」「馬鹿者のいましめにするがいゝぜ」。坂口安吾も激賞した、勝海舟の父が語る放埒一途の自伝。幕末の江戸の裏社会を描く真率な文体が時を超えて心に迫る！

2330

小林一三著（解説・鹿島 茂） 逸翁自叙伝 阪急創業者・小林一三の回想

電鉄事業に将来を見た男はどんな手を打ったか。沿線の土地買収、郊外宅地の開発分譲、少女歌劇……。誰も考えつかなかった生活様式を生み出した、大正・昭和を代表する希代のアイデア経営者が語る自伝の傑作。

2361

柳田國男著（解説・佐谷眞木人） 故郷七十年

齢八十をこえて新聞社に回顧談を求められた碩学は言った。「それは単なる郷愁や回顧の物語に終るものでないことをお約束しておきたい」。故郷、親族、官途、そして詩文から民俗学へ。近代日本人の自伝の白眉。

2393

キケロー著／大西英文訳 老年について 友情について

偉大な思想家にして弁論家、そして政治家でもあった古代ローマの巨人キケロー。その最晩年に遺された著作のうち、もっとも人気のある二つの対話篇。生きる知恵を今に伝える珠玉の古典を一冊で読める新訳。

2506

ラ・ロシュフコー著／武藤剛史訳（解説・鹿島茂） 箴言集

十七世紀フランスの激動を生き抜いたモラリストが、人間の本性を見事に言い表した「箴言」の数々。鋭敏な人間洞察と強靱な精神、ユーモアに満ちた短文が、自然に読める新訳で、現代の私たちに突き刺さる！

2561

外国の歴史・地理

中国古代の文化
白川　静著

中国の古代文化の全体像を探る。斯界の碩学が中国の古代を、文化・民俗・社会・政治・思想の五部に分ち、日本の古代との比較文化論的な視野に立って、その諸問題を明らかにする画期的作業の第一部。

441

ガリア戦記
カエサル著／國原吉之助訳

ローマ軍を率いるカエサルが、前五八年以降、七年にわたりガリア征服を試みた戦闘の記録。当時のガリアとゲルマニアの事情を知る上に必読の歴史的記録として有名。カエサルの手になるローマ軍のガリア遠征記。

1127

十字軍騎士団
橋口倫介著

秘密結社的な神秘性を持ち二百年後に悲劇的結末を迎えたテンプル騎士団、強大な海軍力で現代まで存続した聖ヨハネ騎士団等、十字軍遠征の中核となった修道騎士団の興亡を十字軍研究の権威が綴る騎士団の歴史。

1129

内乱記
カエサル著／國原吉之助訳

英雄カエサルによるローマ統一の戦いの記録。前四九年、ルビコン川を渡ったカエサルは地中海を股にかけ政敵ポンペイユスと戦う。あらゆる困難を克服し勝利するまでを迫真の名文で綴る。ガリア戦記と並ぶ名著。

1234

秦漢帝国　中国古代帝国の興亡
西嶋定生著

中国史上初の統一国家、秦と漢の四百年史。始皇帝が初めて中国全土を統一した紀元前三世紀から後漢末までを兵馬俑の全貌も盛り込み詳述。皇帝制度と儒教を軸に劉邦、項羽など英雄と庶民の歴史を泰斗が説く。

1273

隋唐帝国
布目潮渢（ちょうふう）・栗原益男著

三百年も東アジアに君臨した隋唐の興亡史。律令制の確立で日本や朝鮮の古代国家に多大な影響を与えた隋唐帝国。則天武后の専制や玄宗と楊貴妃の悲恋など、波乱に満ちた世界帝国の実像を精緻に論述した力作。

1300

北の十字軍　「ヨーロッパ」の北方拡大
山内　進著（解説・松森奈津子）

「ヨーロッパ」の形成と拡大、その理念と矛盾とは何か？　中世、ヨーロッパ北方をめざしたもう一つの十字軍が聖戦の名の下、異教徒根絶を図る残虐行為に現代世界の歴史的理解を探る。サントリー学芸賞受賞作。

2033

古代ローマの饗宴
エウジェニア・サルツァ＝プリーナ・リコッティ著／武谷なおみ訳

カトー、アントニウス……美食の大帝国で人々は何を食べ、飲んでいたのか？　贅を尽くした晩餐から、農夫の質実剛健な食生活まで、二千年前に未曾有の繁栄を謳歌した帝国の食を探る。当時のレシピも併録。

2051

イスラームの「英雄」サラディン　十字軍と戦った男
佐藤次高著

十字軍との覇権争いに終止符を打ち、聖地エルサレムを奪還した「アラブ騎士道の体現者」の実像とは？　ヨーロッパにおいても畏敬の念をもって描かれた英雄の、人間としての姿に迫った日本初の本格的伝記。

2083

西洋中世の罪と罰　亡霊の社会史
阿部謹也著

個人とは？　国家とは？　罪とは？　罰とは？　キリスト教と「贖罪規定書」と告解の浸透……。「真実の告白が、権力による個人形成の核心となる」（M・フーコー）過程を探り、西欧的精神構造の根源を解明する。

2103

フィレンツェ
若桑みどり著

ダ・ヴィンチやミケランジェロ、ボッティチェッリら、天才たちの名と共にルネサンスの栄光に輝く都市。その起源からメディチ家の盛衰、現代まで、市民の手で守り抜かれた「花の都」の歴史と芸術。写真約二七〇点。

2117

大聖堂・製鉄・水車　中世ヨーロッパのテクノロジー
J・ギース、F・ギース著／栗原　泉訳

「暗闇の中世」は、実は技術革新の時代だった！　建築・武器・農具から織機・印刷まで、直観を働かせ、失敗と挑戦を繰り返した職人や聖職者、企業家や芸術家たちが世界を変えた。モノの変遷から描く西洋中世。

2146

外国の歴史・地理

悪魔の話
池内 紀著
ヨーロッパ人をとらえつづけた想念の歴史。彼らの不安と恐怖が造り出した「悪魔」観念はやがて魔女狩りという巨大な悲劇を招く。現代にも忍び寄る、あの悪夢を想起しないではいられない決定版・悪魔学入門。
2154

ヴェネツィア 東西ヨーロッパのかなめ　１０８１〜１７９７
ウィリアム・H・マクニール著／清水廣一郎訳
ベストセラー『世界史』の著者のもうひとつの代表作。十字軍の時代からナポレオンによる崩壊まで、軍事・造船・行政の技術や商業資本の蓄積に着目し、地中海最強の都市国家の盛衰と、文化の相互作用を描き出す。
2192

イザベラ・バード 旅に生きた英国婦人
パット・バー著／小野崎晶裕訳
日本、チベット、ペルシア、モロッコ……。外国人が足を運ばなかった未開の奥地まで旅した十九世紀後半の最も著名なイギリス人女性旅行家。その幼少期から異国での苦闘、晩婚後の報われぬ日々まで激動の生涯。
2200

ローマ五賢帝 「輝ける世紀」の虚像と実像
南川高志著
賢帝ハドリアヌスは、同時代の人々には恐るべき「暴君」だった！「人類が最も幸福だった」とされるローマ帝国最盛期は、激しい権力抗争の時代でもあった。平和と安定の陰に隠された暗闘を史料から解き明かす。
2215

イギリス　繁栄のあとさき
川北　稔著
今日英国から学ぶべきは、衰退の中身である――。産業革命を支えたカリブ海の砂糖プランテーション。資本主義を担ったジェントルマンの非合理性……。世界システム論を日本に紹介した碩学が解く大英帝国史。
2224

愛欲のローマ史 変貌する社会の底流
本村凌二著
カエサルは妻に愛をささやいたか？　古代ローマ人の愛と性のかたちを描き、その内なる心性と歴史の深層をとらえる社会史の試み。性愛と家族をめぐる意識の変化は、やがてキリスト教大発展の土壌を築いていく。
2235

《講談社学術文庫　既刊より》